# 元号「令和」

改元と皇位継承

飯田泰士

五月書房新社

# 目次

## I　昭和から平成への改元 ……………………………… 11

1　天皇陛下の退位・皇太子殿下の即位と改元 …………………… 12

2　今回の改元と昭和から平成への改元 …………………………… 12

3　昭和天皇崩御と皇位継承 ………………………………………… 12

4　元号法と元号を改める政令 ……………………………………… 13

　（1）平成（へいせい）
　（2）平成までの247個の元号に使われた漢字

5　元号選定手続 ……………………………………………………… 18

　（1）元号法の成立・公布・施行
　（2）元号制度の廃止
　（3）「元号選定手続について（昭和54年10月23日閣議報告）」
　（4）「元号選定手続について（昭和54年10月23日閣議報告）」に関する一部改正
　（5）M・T・S・H

6　「平成」に込められている意味 ………………………………… 23

7　天皇陛下の即位に伴う儀式・行事と昭和・平成 ……………… 24

　（1）平成の始まり
　（2）天皇陛下の即位に伴う儀式・行事

## II　平成から**令和**への改元 ……………………… 27

**1　天皇陛下の退位の意向に関するNHKの報道** ……………… 28

**2　「象徴としてのお務めについての天皇陛下のおことば」** ……………… 28
　（1）「象徴としてのお務めについての天皇陛下のおことば」の公表
　（2）「東北地方太平洋沖地震に関する天皇陛下のおことば」

**3　天皇の公務の負担軽減等に関する有識者会議** ……………… 32
　（1）安倍晋三内閣総理大臣の発言
　（2）天皇の公務の負担軽減等に関する有識者会議の「最終報告」

**4　天皇の退位等についての立法府の対応に関する全体会議** ……………… 33
　（1）衆議院議長謹話・参議院議長謹話
　（2）2019年1月1日改元

**5　天皇の退位等に関する皇室典範特例法** ……………… 36
　（1）天皇の退位等に関する皇室典範特例法案の閣議決定・国会提出
　（2）天皇の退位等に関する皇室典範特例法案の内容等
　（3）天皇の退位等に関する皇室典範特例法案に対する附帯決議と改元
　（4）天皇の退位等に関する皇室典範特例法1条と立法事実・改元
　（5）天皇の退位等に関する皇室典範特例法2条と皇位継承・改元
　（6）天皇の退位等に関する皇室典範特例法3条・同法4条と上皇・上皇后
　（7）天皇の退位等に関する皇室典範特例法附則2条と失効・改元
　（8）天皇の退位等に関する皇室典範特例法附則8条と意見公募手続・元号を改める政令
　（9）元号と一般的国民投票
　（10）元号に関する国民の意識・慣行

6　天皇の退位等に関する皇室典範特例法の施行期日を定める政令............51

　（1）天皇の退位等に関する皇室典範特例法附則1条と施行期日・改元
　（2）天皇の退位等に関する皇室典範特例法の施行日に関する皇室会議の意見
　（3）天皇の退位等に関する皇室典範特例法の施行期日を定める政令と退位・即位・改元

7　天皇陛下の御退位及び皇太子殿下の御即位に伴う式典準備委員会..........61

　（1）天皇陛下の御退位及び皇太子殿下の御即位に伴う式典準備委員会の設置
　（2）天皇陛下の御退位及び皇太子殿下の御即位に伴う式典の挙行に係る基本方針

8　平成30年4月3日の閣議決定・閣議口頭了解 ..........61

9　「天皇陛下の御退位及び皇太子殿下の御即位に伴う国の儀式等の挙行に係る基本方針について（平成30年4月3日閣議決定）」..........62

　（1）各式典の挙行に係る基本的な考え方
　（2）各式典の挙行に係る体制
　（3）天皇陛下御在位三十年記念式典
　（4）天皇陛下の退位に伴う式典
　（5）皇太子殿下の即位に伴う式典

10　「大嘗祭の挙行について（平成30年4月3日閣議口頭了解）」..........66

11　平成30年10月12日の閣議決定・内閣総理大臣決定と大礼委員会..........66

12　天皇陛下の御退位及び皇太子殿下の御即位に伴う式典委員会..........67

　（1）立皇嗣の礼
　（2）饗宴の儀
　（3）参列者数

13 天皇の即位の日及び即位礼正殿の儀の行われる日を休日とする法律......69
　（1）天皇の即位の日及び即位礼正殿の儀の行われる日を休日とする法律案
　（2）天皇の即位の日及び即位礼正殿の儀の行われる日を休日とする法律と国民の祝日に関する法律
　（3）10連休の影響と「改元特需」「即位特需」

14 改元と死刑執行.................................................................................72
　（1）オウム真理教の事件に関する死刑執行
　（2）死刑執行・改元に関する報道

15 新元号公表・改元の日程.....................................................................73
　（1）4月1日新元号公表、5月1日改元
　（2）安倍晋三内閣総理大臣の施政方針演説と「平成」という文言
　（3）考案者・留意事項

16 元号選定手続と候補名公募..................................................................80

17 元号と商標法・商標審査基準..............................................................82

18 平成31年3月29日の内閣官房長官記者会見・総務大臣記者会見..........84
　（1）新元号選定のスケジュール
　（2）元号に関する懇談会のメンバー
　（3）新元号の原案の選定
　（4）改元に伴う情報システムの改修等

19 首相官邸 Twitter・Facebook・YouTube・Instagram と新元号公表ライブ配信.................................................................................................87

20　新元号「令和」と『万葉集』..................................................................87
　(1)　平成31年4月1日の動き
　(2)　元号に関する懇談会の開催とメンバー
　(3)　新元号「令和（れいわ）」と元号を改める政令・元号の読み方に関する内閣告示
　(4)　新元号の考案者・原案
　(5)　「令和」に込められている意味と『万葉集』
　(6)　衆議院議長談話・参議院議長談話
　(7)　「Reiwa」

21　「昭和」「平成」「令和」の共通点と漢字の組み合わせ................................98

22　平成31年銘・令和元年銘の貨幣（硬貨）................................................99

23　「#令和婚」「#改元婚」「#婚姻届」........................................................101

24　平成三十二年東京オリンピック競技大会・東京パラリンピック競技大会特別措置法と平成から令和への改元................................................101

あとがき——「令和元年・令和1年」「Reiwa・Leiwa」等 ..................105

注 ..................................................................................................109

**参考資料** ......................................................................................141

 参考資料❶元号法（昭和54年法律第43号）
 参考資料❷元号を改める政令（平成31年政令第143号）
 参考資料❸元号の読み方に関する内閣告示（平成31年内閣告示第1号）
 参考資料❹「改元に際しての内閣総理大臣談話（平成31年4月1日）」
 参考資料❺天皇の退位等に関する皇室典範特例法（平成29年法律第63号）
 参考資料❻天皇の退位等に関する皇室典範特例法の施行期日を定める政令（平成29年政令第302号）
 参考資料❼天皇の退位等に関する皇室典範特例法施行令（平成30年政令第44号）

**参考文献一覧** ..............................................................................151


 表❶平成までの247個の元号一覧
 表❷平成までの247個の元号に使われた漢字
 表❸天皇陛下の即位に伴う主な儀式・行事
 表❹平成の主な地震災害
 表❺天皇の退位等に関する皇室典範特例法の公布までの経緯
 表❻天皇皇后両陛下
 表❼元号と西暦のどちらを使いたいか
 表❽皇室会議の出席者等
 表❾歴代天皇一覧
 表❿国事行為である国の儀式として行われるもの（西暦）
 表⓫2019年4月27日から同年5月6日までの10連休
 表⓬西暦和暦対応表
 表⓭国事行為である国の儀式として行われるもの（西暦・和暦）
 表⓮令和までの248個の元号に使われた漢字

# I　昭和から平成への改元

## 1　天皇陛下の退位・皇太子殿下の即位と改元

　平成31年（2019年）4月30日、天皇陛下（今上天皇、現在在位中の天皇）が退位され、翌5月1日、皇太子殿下が即位される。
　そして、それに伴い、元号が「平成」から「令和」に改められる。
　改元は（元号を改めるのは）、「昭和」から「平成」への改元以来、約30年ぶりだ。
　昭和54年4月10日、第87回国会衆議院内閣委員会で、三原朝雄総理府総務長官（当時）は、元号に関して、次の答弁をした。「元号は、（中略）歴史的、文化的に非常な意義を持つものだと思う」。
　三原朝雄総理府総務長官（当時）のその答弁をふまえると、平成から令和への改元は、歴史的に重要な出来事といえる。
　そこで、本書は、平成から令和への改元をテーマとする。
　なお、本書は、平成31年4月2日に脱稿した原稿を書籍化したものだ。


## 2　今回の改元と昭和から平成への改元

　平成31年1月4日、年頭記者会見で、安倍晋三内閣総理大臣は、今回の改元に関して、次の発言をした。「具体的にどのような過程を経て元号を選定するかについては、平成改元時の手続を踏まえつつ決めていきたいと考えています」。
　安倍晋三内閣総理大臣のその発言をふまえ、昭和から平成への改元に関して、述べておく。先程示した三原朝雄総理府総務長官（当時）の答弁をふまえると、昭和から平成への改元も、歴史的に重要な出来事といえる。


## 3　昭和天皇崩御と皇位継承

　憲法（昭和21年憲法）2条は「皇位は、世襲のものであつて、国会の議

決した皇室典範の定めるところにより、これを継承する」と規定し、皇室典範（昭和22年法律第3号）4条は「天皇が崩じたときは、皇嗣（著者注：皇位継承順位第1位の皇族）が、直ちに即位する」と規定している。つまり、天皇の崩御が、皇位継承の原因とされている。

昭和64年1月7日、昭和天皇が崩御され、皇太子明仁親王殿下（天皇陛下）が皇位を継承された（なお、皇室典範8条は、皇嗣・皇太子に関して、「皇嗣たる皇子を皇太子という。皇太子のないときは、皇嗣たる皇孫を皇太孫という」と規定している）。

天皇陛下が即位されたのは昭和64年1月7日だ、平成元年ではない［天皇の退位等に関する皇室典範特例法（平成29年法律第63号）1条参照。同法1条は、後程示す］。

## 4　元号法と元号を改める政令

### (1) 平成（へいせい）

そして、元号法（昭和54年法律第43号）は、皇位継承・元号に関して、「元号は、皇位の継承があつた場合に限り改める」と規定している（同法2項）。安倍晋三内閣総理大臣『参議院議員小西洋之君提出元号法第二項の解釈に関する質問に対する答弁書（平成29年3月31日）』には、同法2項に関して、次の内容がある。「法律を誠実に執行する義務を有する内閣としては、皇位の継承があった場合には、元号法（昭和五十四年法律第四十三号）の定めるところにより新たな元号を定めることになるところ、お尋ねの各答弁は、これと同趣旨を述べたものである」。皇位継承と改元は、密接に関係している。

また、元号法は「元号は、政令で定める」と規定している（同法1項。内閣が、政令という形で、元号を定める）。

その元号法1項の規定に基づいて、元号を改める政令（昭和64年政令第1号）が制定された。

同政令は、次の①②を規定している。①元号を平成に改めるということ

（同政令本則）、②同政令が、公布の日の翌日から施行されるということ（同政令附則）。

　同政令は、昭和64年1月7日に公布された。

　そして、その翌日である1月8日から元号が平成となった[6]。

　なお、平成は247番目の元号であり（表❶参照）、「平成」の読み方は「へいせい」だ〔元号の読み方に関する件（昭和64年内閣告示第6号）〕[7]。

　また、昭和64年も、平成元年も、西暦でいうと1989年だ。1989年1月1日～1989年1月7日は昭和64年、1989年1月8日～1989年12月31日は平成元年だ。そのため、例えば、1989年1月3日生まれの人は昭和64年生まれ、1989年5月24日生まれの人は平成元年生まれ、ということになる。

### 元号法（昭和54年法律第43号）

1　元号は、政令で定める。
2　元号は、皇位の継承があつた場合に限り改める。
　　　附　　則
1　この法律は、公布の日から施行する。
2　昭和の元号は、本則第一項の規定に基づき定められたものとする[8]。

### 元号を改める政令（昭和64年政令第1号）

　　内閣は、元号法（昭和五十四年法律第四十三号）第一項の規定に基づき、この政令を制定する。

　　元号を平成に改める。
　　　附　　則
　　この政令は、公布の日の翌日から施行する。

表❶平成までの247個の元号一覧

| 1 | 大化 | 2 | 白雉 | 3 | 朱鳥 | 4 | 大宝 | 5 | 慶雲 |
|---|---|---|---|---|---|---|---|---|---|
| 6 | 和銅 | 7 | 霊亀 | 8 | 養老 | 9 | 神亀 | 10 | 天平 |
| 11 | 天平感宝 | 12 | 天平勝宝 | 13 | 天平宝字 | 14 | 天平神護 | 15 | 神護景雲 |
| 16 | 宝亀 | 17 | 天応 | 18 | 延暦 | 19 | 大同 | 20 | 弘仁 |
| 21 | 天長 | 22 | 承和 | 23 | 嘉祥 | 24 | 仁寿 | 25 | 斉衡 |
| 26 | 天安 | 27 | 貞観 | 28 | 元慶 | 29 | 仁和 | 30 | 寛平 |
| 31 | 昌泰 | 32 | 延喜 | 33 | 延長 | 34 | 承平 | 35 | 天慶 |
| 36 | 天暦 | 37 | 天徳 | 38 | 応和 | 39 | 康保 | 40 | 安和 |
| 41 | 天禄 | 42 | 天延 | 43 | 貞元 | 44 | 天元 | 45 | 永観 |
| 46 | 寛和 | 47 | 永延 | 48 | 永祚 | 49 | 正暦 | 50 | 長徳 |
| 51 | 長保 | 52 | 寛弘 | 53 | 長和 | 54 | 寛仁 | 55 | 治安 |
| 56 | 万寿 | 57 | 長元 | 58 | 長暦 | 59 | 長久 | 60 | 寛徳 |
| 61 | 永承 | 62 | 天喜 | 63 | 康平 | 64 | 治暦 | 65 | 延久 |
| 66 | 承保 | 67 | 承暦 | 68 | 永保 | 69 | 応徳 | 70 | 寛治 |
| 71 | 嘉保 | 72 | 永長 | 73 | 承徳 | 74 | 康和 | 75 | 長治 |
| 76 | 嘉承 | 77 | 天仁 | 78 | 天永 | 79 | 永久 | 80 | 元永 |
| 81 | 保安 | 82 | 天治 | 83 | 大治 | 84 | 天承 | 85 | 長承 |
| 86 | 保延 | 87 | 永治 | 88 | 康治 | 89 | 天養 | 90 | 久安 |
| 91 | 仁平 | 92 | 久寿 | 93 | 保元 | 94 | 平治 | 95 | 永暦 |
| 96 | 応保 | 97 | 長寛 | 98 | 永万 | 99 | 仁安 | 100 | 嘉応 |
| 101 | 承安 | 102 | 安元 | 103 | 治承 | 104 | 養和 | 105 | 寿永 |
| 106 | 元暦 | 107 | 文治 | 108 | 建久 | 109 | 正治 | 110 | 建仁 |
| 111 | 元久 | 112 | 建永 | 113 | 承元 | 114 | 建暦 | 115 | 建保 |
| 116 | 承久 | 117 | 貞応 | 118 | 元仁 | 119 | 嘉禄 | 120 | 安貞 |
| 121 | 寛喜 | 122 | 貞永 | 123 | 天福 | 124 | 文暦 | 125 | 嘉禎 |
| 126 | 暦仁 | 127 | 延応 | 128 | 仁治 | 129 | 寛元 | 130 | 宝治 |
| 131 | 建長 | 132 | 康元 | 133 | 正嘉 | 134 | 正元 | 135 | 文応 |
| 136 | 弘長 | 137 | 文永 | 138 | 建治 | 139 | 弘安 | 140 | 正応 |
| 141 | 永仁 | 142 | 正安 | 143 | 乾元 | 144 | 嘉元 | 145 | 徳治 |
| 146 | 延慶 | 147 | 応長 | 148 | 正和 | 149 | 文保 | 150 | 元応 |
| 151 | 元亨 | 152 | 正中 | 153 | 嘉暦 | 154 | 元徳 | 155 | 元弘 |
| 156 | 正慶 | 157 | 建武 | 158 | 延元 | 159 | 暦応 | 160 | 興国 |
| 161 | 康永 | 162 | 貞和 | 163 | 正平 | 164 | 観応 | 165 | 文和 |

| | | | | | | | |
|---|---|---|---|---|---|---|---|
| 166 | 延文 | 167 | 康安 | 168 | 貞治 | 169 | 応安 | 170 | 建徳 |
| 171 | 文中 | 172 | 永和 | 173 | 天授 | 174 | 康暦 | 175 | 弘和 |
| 176 | 永徳 | 177 | 至徳 | 178 | 元中 | 179 | 嘉慶 | 180 | 康応 |
| 181 | 明徳 | 182 | 応永 | 183 | 正長 | 184 | 永享 | 185 | 嘉吉 |
| 186 | 文安 | 187 | 宝徳 | 188 | 享徳 | 189 | 康正 | 190 | 長禄 |
| 191 | 寛正 | 192 | 文正 | 193 | 応仁 | 194 | 文明 | 195 | 長享 |
| 196 | 延徳 | 197 | 明応 | 198 | 文亀 | 199 | 永正 | 200 | 大永 |
| 201 | 享禄 | 202 | 天文 | 203 | 弘治 | 204 | 永禄 | 205 | 元亀 |
| 206 | 天正 | 207 | 文禄 | 208 | 慶長 | 209 | 元和 | 210 | 寛永 |
| 211 | 正保 | 212 | 慶安 | 213 | 承応 | 214 | 明暦 | 215 | 万治 |
| 216 | 寛文 | 217 | 延宝 | 218 | 天和 | 219 | 貞享 | 220 | 元禄 |
| 221 | 宝永 | 222 | 正徳 | 223 | 享保 | 224 | 元文 | 225 | 寛保 |
| 226 | 延享 | 227 | 寛延 | 228 | 宝暦 | 229 | 明和 | 230 | 安永 |
| 231 | 天明 | 232 | 寛政 | 233 | 享和 | 234 | 文化 | 235 | 文政 |
| 236 | 天保 | 237 | 弘化 | 238 | 嘉永 | 239 | 安政 | 240 | 万延 |
| 241 | 文久 | 242 | 元治 | 243 | 慶応 | 244 | 明治 | 245 | 大正 |
| 246 | 昭和 | 247 | 平成 | | | | | | |

※毎日新聞政治部『ドキュメント新元号平成』（角川書店、平成元年）251-257頁、米田雄介編『歴代天皇・年号事典』（吉川弘文館、平成15年）、山本博文編著『元号全247総覧』（悟空出版、平成29年）を参考にして、筆者が表❶を作成した。

※最初の元号である大化は、西暦でいうと、645年〜650年のものだ。平成31年3月4日、第198回国会参議院予算委員会で、菅義偉内閣官房長官は、元号に関して、次の答弁をした。「我が国における公式の元号は、いわゆる大化の改新に当たって大化の元号を立てたことに始まると考えられ、現在の平成まで二百四十七の元号が用いられております」。

※最も使用期間が長い元号は昭和であり、最も使用期間が短い元号は暦仁だ［読売新聞朝刊平成31年2月26日6頁「基礎からわかる元号」］。

※同じ元号が2回以上用いられたことはない［内閣制度百年史編纂委員会編『内閣制度百年史上巻』（大蔵省印刷局、昭和60年）643頁］。

## (2) 平成までの247個の元号に使われた漢字

そして、表❶を見るとわかるように、平成までの247個の元号のうち、242個が漢字2文字の元号であり、5個が漢字4文字の元号だ（漢字4文字の元号は、①天平感宝、②天平勝宝、③天平宝字、④天平神護、⑤神護景雲）。

そのため、平成までの247個の元号に使われた漢字は、延べ504文字ということになる（$2 \times 242 + 4 \times 5 = 504$）。

ただ、29回使われた「永」、27回使われた「天」「元」、21回使われた「治」、20回使われた「応」等、元号に複数回使われた漢字が存在するので、平成までの247個の元号に使われた漢字は72種類しかない（表❷参照。例えば、平成までの247個の元号のうち、「永」が使われた元号は、次の29個だ。①永観、②永延、③永祚、④永承、⑤永保、⑥永長、⑦天永、⑧永久、⑨元永、⑩永治、⑪永暦、⑫永万、⑬寿永、⑭建永、⑮貞永、⑯文永、⑰永仁、⑱康永、⑲永和、⑳永徳、㉑応永、㉒永享、㉓永正、㉔大永、㉕永禄、㉖寛永、㉗宝永、㉘安永、㉙嘉永）。

**表❷平成までの247個の元号に使われた漢字**

| 元号に使われた回数 | 元号に使われた漢字 |
|---|---|
| 29回 | 永 |
| 27回 | 天、元 |
| 21回 | 治 |
| 20回 | 応 |
| 19回 | 和、長、正、文 |
| 17回 | 安 |
| 16回 | 延、暦 |
| 15回 | 寛、徳、保 |
| 14回 | 承 |
| 13回 | 仁 |
| 12回 | 平、嘉 |
| 10回 | 宝、康 |
| 9回 | 慶、久、建 |
| 8回 | 弘、貞、享 |

| 7回 | 禄、明 |
|---|---|
| 6回 | 大 |
| 5回 | 亀 |
| 4回 | 寿、万 |
| 3回 | 化、養、神、観、喜、中、政 |
| 2回 | 雲、護 |
| 1回 | 白、雉、朱、鳥、銅、霊、老、感、勝、字、景、同、祥、斉、衡、昌、泰、祚、福、禎、乾、亨、武、興、国、授、至、吉、昭、成 |

※表❶に基づいて、筆者が表❷を作成した。

# 5　元号選定手続

## (1) 元号法の成立・公布・施行

　ここで、元号法に関して補足しておくと、昭和54年2月2日、元号法案が国会に提出された（第87回国会閣法第2号）。昭和54年3月20日、第87回国会衆議院内閣委員会で、三原朝雄総理府総務長官（当時）は、同法律案に関して、次の答弁をした。「ただいま議題となりました元号法案について、その提案理由及び内容の概要を御説明申し上げます。元号は、国民の日常生活において長年使用されて広く国民の間に定着しており、かつ大多数の国民がその存続を希望しておりますので、政府といたしましては、元号を将来とも存続させるべきであると考えております。しかしながら、元号制度については、旧皇室典範及び登極令が廃止されて以来法的根拠はなくなり、現在の昭和は事実たる慣習として使われている状態であります。したがって元号を制度として明確で安定したものとするため、その根拠を法律で明確に規定する必要があると考えます。今回御提案いたしております法律案もこのような趣旨によるものであります」。

　その後、審議を経て、元号法が、昭和54年6月6日に成立し、同年同月12日に公布・施行された［昭和54年法律第43号。ちなみに、法律の「公布」とは、成立した法律を国民に周知させる目的で、その法律を公示する行為をい

う。そして、法律が「施行」されることによって、その規定の効力が現実に一般的に発動し、作用することになる。先程示したように、元号法附則1項は「この法律は、公布の日から施行する」と規定している。ただ、全ての法律が公布の日から施行される、というわけではない[11]（天皇の退位等に関する皇室典範特例法附則1条1項参照。同法附則1条1項は、後程示す）]。

## (2) 元号制度の廃止

なお、2つ前の段落で示した三原朝雄総理府総務長官（当時）の答弁は、元号制度に言及している。昭和54年4月11日、第87回国会衆議院内閣委員会で、真田秀夫内閣法制局長官（当時）は、元号制度に関して、次の答弁をした。「元号制度を今後とも存続するかどうかは政策問題」。

真田秀夫内閣法制局長官（当時）のその答弁を見るとわかるだろうが、今後、元号制度が廃止される可能性はある。「元号制度を廃止すべきだ」と主張している人がいるが、実際に、元号制度が廃止される日は来るのだろうか。

## (3)「元号選定手続について（昭和54年10月23日閣議報告）」

また、昭和54年6月12日に公布・施行された元号法は、具体的な元号選定手続を規定するものではない。そのことは、先程示した同法を見るとわかるだろう。

そして、具体的な元号選定手続に関する同年の「元号選定手続について（昭和54年10月23日閣議報告）[12]」は、以下のとおりだ。

「元号選定手続について（昭和54年10月23日閣議報告）」

　元号法（昭和54年法律第43号）に定める元号の選定については、次の要領によるものとする。
　1　候補名の考案
　　(1)　内閣総理大臣は、高い識見を有する者を選び、これらの者に次の元号とするのにふさわしい候補名（以下「候補名」という。）の考案

を委嘱する。
　(2)　候補名の考案を委嘱される者（以下「考案者」という。）の数は、若干名とする。
　(3)　内閣総理大臣は、各考案者に対し、おおよそ２ないし５の候補名の提出を求めるものとする。
　(4)　考案者は、候補名の提出に当たり、各候補名の意味、典拠等の説明を付するものとする。
２　候補名の整理
　(1)　総理府総務長官は、考案者から提出された候補名について、検討し、及び整理し、その結果を内閣総理大臣に報告する。
　(2)　総理府総務長官は、候補名の検討及び整理に当たつては、次の事項に留意するものとする。
　　ア　国民の理想としてふさわしいようなよい意味を持つものであること。
　　イ　漢字２字であること。
　　ウ　書きやすいこと。
　　エ　読みやすいこと。
　　オ　これまでに元号又はおくり名として用いられたものでないこと。
　　カ　俗用されているものでないこと。
３　原案の選定
　(1)　内閣総理大臣の指示により、内閣官房長官、総理府総務長官及び内閣法制局長官による会議において、総理府総務長官により整理された候補名について精査し、新元号の原案として数個の案を選定する。
　(2)　全閣僚会議において、新元号の原案について協議する。
　　　また、内閣総理大臣は、新元号の原案について衆議院及び参議院の議長及び副議長である者に連絡し、意見を伺う。
４　新元号の決定
　　閣議において、改元の政令を決定する。[13]

(4)「元号選定手続について（昭和 54 年 10 月 23 日閣議報告）」に関する一部改正

　以上で示した「元号選定手続について（昭和 54 年 10 月 23 日閣議報告）」に関しては、後日、一部改正が行われた。

　そのことに関してだが、総理府史編纂委員会編『総理府史』（内閣総理大臣官房、平成 12 年）には、次の内容がある。「この元号選定手続については、昭和五十九年七月一日、総理府総務長官の廃止に伴って一部改正が行われたが、更に、新しい元号を決定するに当たり、各界の有識者の方々の意見も参考とすることが適当であることから、昭和六十四年一月七日（著者注：昭和天皇が崩御され、天皇陛下が即位された日）、『元号の選定手続について』の一部を改正し、『内閣官房長官は、各界の有識者の参集を得て、元号に関する懇談会を開催し、新元号の原案につき意見を求め、その結果を内閣総理大臣に報告するものとする』とし、昭和六十四年一月七日の第一回臨時閣議にその旨報告された」[14]。

　一部改正後のものは、以下のとおりだ。以下に示す手続で、元号が選定された。

「元号選定手続について（昭和 54 年 10 月 23 日閣議報告）（昭和 59 年 6 月 29 日一部改正〔7 月 1 日施行〕）（昭和 64 年 1 月 7 日一部改正）」

　元号法（昭和 54 年法律第 43 号）に定める元号の選定については、次の要領によるものとする。
　1　候補名の考案
　　(1)　内閣総理大臣は、高い識見を有する者を選び、これらの者に次の元号とするのにふさわしい候補名（以下「候補名」という。）の考案を委嘱する。
　　(2)　候補名の考案を委嘱される者（以下「考案者」という。）の数は、若干名とする。
　　(3)　内閣総理大臣は、各考案者に対し、おおよそ 2 ないし 5 の候補名の提出を求めるものとする。

(4)　考案者は、候補名の提出に当たり、各候補名の意味、典拠等の説明を付するものとする。
　2　候補名の整理
　　(1)　内閣官房長官は、考案者から提出された候補名について、検討し、及び整理し、その結果を内閣総理大臣に報告する。
　　(2)　内閣官房長官は、候補名の検討及び整理に当たっては、次の事項に留意するものとする。
　　　ア　国民の理想としてふさわしいようなよい意味を持つものであること。
　　　イ　漢字2字であること。
　　　ウ　書きやすいこと。
　　　エ　読みやすいこと。
　　　オ　これまでに元号又はおくり名として用いられたものでないこと。
　　　カ　俗用されているものでないこと。
　3　原案の選定等
　　(1)　内閣総理大臣の指示により、内閣官房長官は、内閣法制局長官の意見を聴いて、新元号の原案として数個の案を選定する。
　　(2)　内閣官房長官は、各界の有識者の参集を得て、元号に関する懇談会（以下、「懇談会」という。）を開催し、新元号の原案につき意見を求め、その結果を内閣総理大臣に報告するものとする。
　　　　懇談会のメンバーは若干名とし、内閣官房長官が選考する。
　　(3)　内閣総理大臣は、新元号の原案について衆議院及び参議院の議長及び副議長である者に連絡し、意見を伺う。
　　(4)　全閣僚会議において、新元号の原案について協議する。
　4　新元号の決定
　　　閣議において、改元の政令を決定する。[15]

## (5) M・T・S・H

　ちなみに、平成31年1月1日、NHKは、元号の選定に関して、次の報道をした。「平成への改元にあたってはローマ字で表記する時の頭文字

も重視されたと言われています。明治は『M』、大正は『T』、昭和は『S』となるため、使いやすさを考えて3つとは異なる『H』の平成が選ばれたというわけです」[16]。

## 6 「平成」に込められている意味

では、「平成」には、どのような意味が込められているのだろうか。「改元に際しての内閣総理大臣談話（昭和64年1月7日）」を見ると、それがわかる。その内閣総理大臣談話は、次のとおりだ。「本日、元号を改める政令が閣議決定され、本日中に公布される予定であります。この政令は、今般の皇位の継承に伴い、元号法の規定に基づいて新しい元号を定めたものであります。新しい元号は『平成（へいせい）』であります。これは、史記の五帝本紀及び書経の大禹謨（だいうぼ）中の『内平かに外成る（史記）地平かに天成る（書経）』という文言の中から引用したものであります。この『平成』には、国の内外にも天地にも平和が達成されるという意味がこめられており、これからの新しい時代の元号とするに最もふさわしいものであると思います。この新しい元号は、事情の許す限り速やかに改元を行うという元号法の趣旨[17]、国民生活の便宜等諸般の事情を考慮して、公布の日の翌日である一月八日以降について用いられることとなっております。新しい元号の使用につきまして国民各位の御理解と御協力をお願いする次第であります。元号は、千三百年余の歴史を有しております。単に年を表示する手段としてだけではなく、長い歴史の中で日本人の心情に溶け込み、日本国民の心理的一体感の支えにもなっております。この新しい元号も、広く国民に受け入れられ、日本人の生活の中に深く根ざしていくことを心から願っている次第であります」[18]［なお、「改元に際しての内閣総理大臣談話（昭和64年1月7日）」が出された当時の内閣総理大臣は、竹下登内閣総理大臣（当時）だ］。

要するに、「平成」には「国の内外にも天地にも平和が達成される」という意味が込められている。

## 7 天皇陛下の即位に伴う儀式・行事と昭和・平成

### (1) 平成の始まり

　以上で述べたように、昭和天皇が崩御され、皇太子明仁親王殿下（天皇陛下）が皇位を継承された。そして、それに伴い、昭和から平成への改元が行われた。

　それが、平成の始まりだ。

### (2) 天皇陛下の即位に伴う儀式・行事

　ここで、天皇陛下の即位に伴う儀式・行事に関して補足しておくと、昭和64年1月7日の天皇陛下の即位を受けて、昭和64年1月7日に剣璽等承継の儀、平成元年1月9日に即位後朝見の儀が行われた。その後、1年間の服喪期間（先程述べたように、昭和64年1月7日、昭和天皇が崩御された）を経て、平成2年に即位礼正殿の儀・大嘗祭等が行われた。要するに、天皇陛下の即位に伴う儀式・行事の中には、昭和に行われたものもあるし、平成に行われたものもある（表❸参照）。

　そして、即位後朝見の儀における天皇陛下のおことばは、次のとおりだ。「大行天皇の崩御は、誠に哀痛の極みでありますが、日本国憲法及び皇室典範の定めるところにより、ここに、皇位を継承しました。深い悲しみのうちにあって、身に負った大任を思い、心自ら粛然たるを覚えます。顧みれば、大行天皇には、御在位60有余年、ひたすら世界の平和と国民の幸福を祈念され、激動の時代にあって、常に国民とともに幾多の苦難を乗り越えられ、今日、我が国は国民生活の安定と繁栄を実現し、平和国家として国際社会に名誉ある地位を占めるに至りました。ここに、皇位を継承するに当たり、大行天皇の御遺徳に深く思いをいたし、いかなるときも国民とともにあることを念願された御心を心としつつ、皆さんとともに日本国憲法を守り、これに従って責務を果たすことを誓い、国運の一層の進展と世界の平和、人類福祉の増進を切に希望してやみません」[ここで、天皇陛下のおことばに関して、補足しておく。平成元年から平成31年までの「主な式典におけるおことば」が、宮内庁のウェブサイトに掲載されている。そして、平

成元年の「主な式典におけるおことば」として、最初に掲載されているのが、以上で示した即位後朝見の儀における天皇陛下のおことばだ（年月日の早い順で掲載されている）]。[23]

**表❸天皇陛下の即位に伴う主な儀式・行事**

| 年月日 | 名称等 | 場所 |
|---|---|---|
| 昭和64年1月7日 | 剣璽等承継の儀（国事行為） | 宮殿 |
| 平成元年1月9日 | 即位後朝見の儀（国事行為） | 宮殿 |
| 平成2年1月23日 | 賢所に期日奉告の儀 | 賢所 |
| 平成2年1月23日 | 皇霊殿神殿に期日奉告の儀 | 皇霊殿・神殿 |
| 平成2年1月23日 | 神宮神武天皇山陵及び前四代の天皇山陵に勅使発遣の儀 | 宮殿 |
| 平成2年1月25日 | 神宮に奉幣の儀 | 神宮 |
| 平成2年1月25日 | 神武天皇山陵及び前四代の天皇山陵に奉幣の儀 | 各山陵 |
| 平成2年2月8日 | 斎田点定の儀 | 神殿 |
| 平成2年9月28日・平成2年10月10日 | 斎田抜穂の儀<br>9月28日：悠紀斎田抜穂の儀<br>10月10日：主基斎田抜穂の儀 | 斎田 |
| 平成2年11月12日 | 即位礼当日賢所大前の儀 | 賢所 |
| 平成2年11月12日 | 即位礼当日皇霊殿神殿に奉告の儀 | 皇霊殿・神殿 |
| 平成2年11月12日 | 即位礼正殿の儀（国事行為） | 宮殿 |
| 平成2年11月12日 | 祝賀御列の儀（国事行為） | 宮殿〜赤坂御所 |
| 平成2年11月12日〜平成2年11月15日 | 饗宴の儀（国事行為） | 宮殿 |
| 平成2年11月13日 | 園遊会 | 赤坂御苑 |
| 平成2年11月16日 | 神宮に勅使発遣の儀 | 宮殿 |
| 平成2年11月18日 | 即位礼一般参賀 | 宮殿東庭 |
| 平成2年11月21日 | 大嘗祭前一日鎮魂の儀 | 皇居 |
| 平成2年11月22日 | 大嘗祭当日神宮に奉幣の儀 | 神宮 |

| 平成2年11月22日 | 大嘗祭当日賢所大御饌供進の儀 | 賢所 |
| --- | --- | --- |
| 平成2年11月22日 | 大嘗祭当日皇霊殿神殿に奉告の儀 | 皇霊殿・神殿 |
| 平成2年11月22日・<br>平成2年11月23日 | 大嘗宮の儀<br>11月22日：悠紀殿供饌の儀<br>11月23日：主基殿供饌の儀 | 皇居東御苑 |
| 平成2年11月24日・<br>平成2年11月25日 | 大饗の儀 | 宮殿 |
| 平成2年11月27日・<br>平成2年11月28日 | 即位礼及び大嘗祭後神宮に親謁の儀<br>11月27日：豊受大神宮に親謁の儀<br>11月28日：皇大神宮に親謁の儀 | 神宮 |
| 平成2年12月2日・<br>平成2年12月3日・<br>平成2年12月5日 | 即位礼及び大嘗祭後神武天皇山陵及び前四代の天皇山陵に親謁の儀<br>12月2日：神武天皇山陵に親謁の儀<br>12月2日：孝明天皇山陵に親謁の儀<br>12月3日：明治天皇山陵に親謁の儀<br>12月5日：大正天皇山陵に親謁の儀<br>12月5日：昭和天皇山陵に親謁の儀 | 各山陵 |
| 平成2年12月3日 | 茶会 | 京都御所 |
| 平成2年12月6日 | 即位礼及び大嘗祭後賢所に親謁の儀 | 賢所 |
| 平成2年12月6日 | 即位礼及び大嘗祭後皇霊殿神殿に親謁の儀 | 皇霊殿・神殿 |
| 平成2年12月6日 | 即位礼及び大嘗祭後賢所御神楽の儀 | 賢所 |

※首相官邸ウェブサイト「天皇の公務の負担軽減等に関する有識者会議第2回参考資料6天皇陛下の即位に伴う主な儀式・行事一覧」1頁、宮内庁ウェブサイト「ご即位・大礼の主な儀式・行事」に基づいて、筆者が表❸を作成した。

# Ⅱ 平成から令和への改元

## 1　天皇陛下の退位の意向に関するNHKの報道

　さて、天皇陛下の即位から27年以上経過した平成28年（2016年）7月13日の夜、NHKが次の趣旨の報道をした。「天皇陛下が退位の意向を宮内庁の関係者に示されている[24]」。

　宮内庁は速やかに報道内容を否定したが、各マスメディアにおいて、相次いで関連報道がされた。[25]


## 2　「象徴としてのお務めについての天皇陛下のおことば」

### (1)「象徴としてのお務めについての天皇陛下のおことば」の公表

　そして、平成28年8月8日、「象徴としてのお務めについての天皇陛下のおことば」が公表された。

　そのおことばは、以下のとおりだ。なお、そのおことばに関しては、宮内庁のウェブサイトに、次の①②③が掲載されている。①日本語ビデオメッセージ［「象徴としてのお務めについての天皇陛下のおことば（ビデオ）（平成28年8月8日）」「Message from His Majesty The Emperor（August 8, 2016）（video）」］、②和文［「象徴としてのお務めについての天皇陛下のおことば（平成28年8月8日）」］、③英文［「Message from His Majesty The Emperor（August 8, 2016）」］。[26]

「象徴としてのお務めについての天皇陛下のおことば」

　　戦後70年という大きな節目を過ぎ、2年後には、平成30年を迎えます。
　　私も80を越え、体力の面などから様々な制約を覚えることもあり、ここ数年、天皇としての自らの歩みを振り返るとともに、この先の自分の在り方や務めにつき、思いを致すようになりました。
　　本日は、社会の高齢化が進む中、天皇もまた高齢となった場合、どのような在り方が望ましいか、天皇という立場上、現行の皇室制度に具体的に触れることは控えながら、私が個人として、これまでに考え

て来たことを話したいと思います。

　即位以来、私は国事行為を行うと共に、日本国憲法下で象徴と位置づけられた天皇の望ましい在り方を、日々模索しつつ過ごして来ました。伝統の継承者として、これを守り続ける責任に深く思いを致し、更に日々新たになる日本と世界の中にあって、日本の皇室が、いかに伝統を現代に生かし、いきいきとして社会に内在し、人々の期待に応えていくかを考えつつ、今日に至っています。

　そのような中、何年か前のことになりますが、2度の外科手術を受け、加えて高齢による体力の低下を覚えるようになった頃から、これから先、従来のように重い務めを果たすことが困難になった場合、どのように身を処していくことが、国にとり、国民にとり、また、私のあとを歩む皇族にとり良いことであるかにつき、考えるようになりました。既に80を越え、幸いに健康であるとは申せ、次第に進む身体の衰えを考慮する時、これまでのように、全身全霊をもって象徴の務めを果たしていくことが、難しくなるのではないかと案じています。

　私が天皇の位についてから、ほぼ28年、この間(かん)私は、我が国における多くの喜びの時、また悲しみの時を、人々と共に過ごして来ました。私はこれまで天皇の務めとして、何よりもまず国民の安寧と幸せを祈ることを大切に考えて来ましたが、同時に事にあたっては、時として人々の傍らに立ち、その声に耳を傾け、思いに寄り添うことも大切なことと考えて来ました。天皇が象徴であると共に、国民統合の象徴としての役割を果たすためには、天皇が国民に、天皇という象徴の立場への理解を求めると共に、天皇もまた、自らのありように深く心し、国民に対する理解を深め、常に国民と共にある自覚を自らの内に育てる必要を感じて来ました。こうした意味において、日本の各地、とりわけ遠隔の地や島々への旅も、私は天皇の象徴的行為として、大切なものと感じて来ました。皇太子の時代も含め、これまで私が皇后と共

に行って来たほぼ全国に及ぶ旅は、国内のどこにおいても、その地域を愛し、その共同体を地道に支える市井の人々のあることを私に認識させ、私がこの認識をもって、天皇として大切な、国民を思い、国民のために祈るという務めを、人々への深い信頼と敬愛をもってなし得たことは、幸せなことでした。

　天皇の高齢化に伴う対処の仕方が、国事行為や、その象徴としての行為を限りなく縮小していくことには、無理があろうと思われます。また、天皇が未成年であったり、重病などによりその機能を果たし得なくなった場合には、天皇の行為を代行する摂政を置くことも考えられます。しかし、この場合も、天皇が十分にその立場に求められる務めを果たせぬまま、生涯の終わりに至るまで天皇であり続けることに変わりはありません。
　天皇が健康を損ない、深刻な状態に立ち至った場合、これまでにも見られたように、社会が停滞し、国民の暮らしにも様々な影響が及ぶことが懸念されます。更にこれまでの皇室のしきたりとして、天皇の終焉に当たっては、重い殯の行事が連日ほぼ2ヶ月にわたって続き、その後喪儀に関連する行事が、1年間続きます。その様々な行事と、新時代に関わる諸行事が同時に進行することから、行事に関わる人々、とりわけ残される家族は、非常に厳しい状況下に置かれざるを得ません。こうした事態を避けることは出来ないものだろうかとの思いが、胸に去来することもあります。

　始めにも述べましたように、憲法の下、天皇は国政に関する権能を有しません。そうした中で、このたび我が国の長い天皇の歴史を改めて振り返りつつ、これからも皇室がどのような時にも国民と共にあり、相たずさえてこの国の未来を築いていけるよう、そして象徴天皇の務めが常に途切れることなく、安定的に続いていくことをひとえに念じ、ここに私の気持ちをお話しいたしました。
　国民の理解を得られることを、切に願っています。

## (2)「東北地方太平洋沖地震に関する天皇陛下のおことば」

平成28年8月8日、BBCは、「象徴としてのお務めについての天皇陛下のおことば」に関して、次の報道をした。「天皇陛下が異例のお気持ちを表明するビデオメッセージが8日午後3時、公表された。（中略）天皇陛下がビデオメッセージで国民に語りかけるのは、東日本大震災直後の2011年（著者注：平成23年）3月16日の『おことば』以来、2度目」[28]。

BBCのその報道が言及している「2011年（著者注：平成23年）3月16日の『おことば』」に関してだが、平成23年3月11日、「平成23年東北地方太平洋沖地震」が発生した。その地震は、平成史に残る甚大な被害を出すことになる（表❹参照）。そして、同年同月16日、「東北地方太平洋沖地震に関する天皇陛下のおことば」[29]が公表された。

BBCのその報道と1つ前の段落で述べたことをふまえると、「象徴としてのお務めについての天皇陛下のおことば」の特別さがわかるだろう。「天皇陛下は頻繁にビデオメッセージで国民に語りかけている」というわけではない。

なお、「東北地方太平洋沖地震に関する天皇陛下のおことば」に関しては、宮内庁のウェブサイトに、次の①②③が掲載されている。①日本語ビデオメッセージ[「東北地方太平洋沖地震に関する天皇陛下のおことば（ビデオ）（平成23年3月16日）」「A Message from His Majesty The Emperor（March 16, 2011）（video）」]、②和文[「東北地方太平洋沖地震に関する天皇陛下のおことば（平成23年3月16日）」]、③英文[「A Message from His Majesty The Emperor（March 16, 2011）」]。

### 表❹平成の主な地震災害

| 年月日 | 災害名 | 死者・行方不明者数 |
|---|---|---|
| 平成5年7月12日 | 平成5年北海道南西沖地震（M7.8） | 230人 |
| 平成7年1月17日 | 平成7年兵庫県南部地震（阪神・淡路大震災）（M7.3） | 6437人 |
| 平成13年3月24日 | 平成13年芸予地震（M6.7） | 2人 |

| 平成15年9月26日 | 平成15年十勝沖地震（M8.0） | 2人 |
| --- | --- | --- |
| 平成16年10月23日 | 平成16年新潟県中越地震（M6.8） | 68人 |
| 平成19年3月25日 | 平成19年能登半島地震（M6.9） | 1人 |
| 平成19年7月16日 | 平成19年新潟県中越沖地震（M6.8） | 15人 |
| 平成20年6月14日 | 平成20年岩手・宮城内陸地震（M7.2） | 23人 |
| 平成23年3月11日 | 平成23年東北地方太平洋沖地震（東日本大震災）（Mw9.0） | 22199人 |
| 平成28年4月14日及び平成28年4月16日 | 平成28年熊本地震（M7.3） | 267人 |
| 平成30年9月6日 | 平成30年北海道胆振東部地震（M6.7） | 42人 |

※気象庁ウェブサイト「気象庁が名称を定めた気象・地震・火山現象一覧」、内閣府編「平成30年版防災白書」（平成30年）附6-附8頁、内閣府ウェブサイト「平成30年北海道胆振東部地震に係る被害状況等について（平成31年1月28日15:00現在）」1-2頁に基づいて、筆者が表❹を作成した。

※平成における世界の地震災害に関して補足しておくと、平成16年のスマトラ沖地震・津波、平成22年のハイチ地震では、死者・行方不明者数が22万人を超えた［内閣府編「平成30年版防災白書」（平成30年）附40頁］。

## 3　天皇の公務の負担軽減等に関する有識者会議

### (1) 安倍晋三内閣総理大臣の発言

　そして、「象徴としてのお務めについての天皇陛下のおことば」の公表を受け、平成28年8月8日、内閣総理大臣・衆議院議長・参議院議長がコメントを出した。

　具体的にいうと、まず、平成28年8月8日、記者会見で、安倍晋三内閣総理大臣は、次の発言をした。「本日、天皇陛下より御言葉がありました。私としては、天皇陛下が国民に向けて御発言されたということを、重く受け止めております。天皇陛下の御公務のあり方などについては、天皇陛下の御年齢や御公務の負担の現状にかんがみるとき、天皇陛下の御心労

に思いを致し、どのようなことができるのか、しっかりと考えていかなければいけないと思っています」[31]。

### (2) 天皇の公務の負担軽減等に関する有識者会議の「最終報告」

安倍晋三内閣総理大臣がその発言をした後、平成28年9月23日、政府は、「天皇の公務の負担軽減等に関する有識者会議」を開催することとした[32]。

「天皇の公務の負担軽減等に関する有識者会議の開催について（平成28年9月23日内閣総理大臣決裁）」には、次の内容がある。「天皇の公務の負担軽減等について、様々な専門的な知見を有する人々の意見を踏まえた検討を行うため、高い識見を有する人々の参集を求めて、天皇の公務の負担軽減等に関する有識者会議（中略）を開催する」[33]。

天皇の公務の負担軽減等に関する有識者会議は、平成29年（2017年）4月21日の第14回会議で「最終報告」を取りまとめた。そして、その会議（第14回会議）で、安倍晋三内閣総理大臣に「最終報告」が手交された[34]。

## 4 天皇の退位等についての立法府の対応に関する全体会議

### (1) 衆議院議長謹話・参議院議長謹話

また、平成28年8月8日の衆議院議長謹話は、次のとおりだ。「天皇陛下には、日本国及び日本国民統合の象徴（著者注：憲法1条は『天皇は、日本国の象徴であり日本国民統合の象徴であつて、この地位は、主権の存する日本国民の総意に基く』と規定している）として、数々の国事行為や諸外国との友好親善、宮中行事などの各般の公務に精励されておいでになりました。陛下は、常に日本国憲法下における皇室のあるべき姿をお考えになり、皇后陛下と共に、戦没者の慰霊に尽くすとともに世界の平和を祈り、また各種の災害時には、被災地を慰問し、被災された方々と膝を接して親しくお言葉をかけられるなど、国民のそばに寄り添い、国民とともに歩んでこられ

ました。私を含めて国民はひとしくこのような両陛下の真摯なお姿や人々に向けられる慈愛に満ちたまなざしを目の当たりにし、深い感銘を受けるとともに尊敬と思慕の念を抱いているところであります。その一方で、陛下が象徴としてのお立場を第一としてお考えになり、国民に寄り添おうとする姿勢を示されることにより、御齢を重ねられるにつれてお体に負担がかかりましたことは、私といたしましては、誠に恐懼の至りであり忸怩たる思いであります。このたびの陛下からのお言葉は、立法府の長として謹んで受けとめ、思いを深く致しております。また、皇室の在り方につきましては、今後、国民各層において幅広く議論が行われ、国民を代表する国会議員には、これらの議論を受けつつ粛然とした対応をすることを望みます」[35]。

そしてまた、平成28年8月8日の参議院議長謹話は、次のとおりだ。「天皇陛下におかれましては、日本国及び日本国民統合の象徴として、その御即位以来、皇后陛下とともに、常に国民に寄り添い、数多ある御公務はもとより、被災地のお見舞い、戦没者の慰霊などにも、心をこめて取り組んでこられました。そのお姿に、深い敬慕の念を抱いてきたところでございます。今般、天皇陛下よりお気持ちが示されましたことを承り、その御心を謹んで受け止めております。今後、皇室の在り方について、議論が深まっていくものと思います」[36]。

## (2) 2019年1月1日改元

以上で示した謹話を出した衆議院議長・参議院議長に、衆議院副議長・参議院副議長を加えた4者、すなわち、大島理森衆議院議長・伊達忠一参議院議長・川端達夫衆議院副議長（当時）・郡司彰参議院副議長が、立法府として、どのような対応をとるべきか協議を行った。その結果、平成29年1月16日、両議院合同で取り組むことを合意した[37]。

それを受けて、天皇の退位等についての立法府の対応に関して、各政党・各会派から個別に意見が聴取されたり、「天皇の退位等についての立法府の対応に関する全体会議」が開催されたりした[38]。

そして、平成29年3月17日、安倍晋三内閣総理大臣に「『天皇の退位

等についての立法府の対応』に関する衆参正副議長による議論のとりまとめ」が手交された[39]。

なお、平成29年1月19日、天皇の退位等についての立法府の対応に関する全体会議で、改元に関して、発言がされた。以下、その発言を示す。

平成29年1月19日、天皇の退位等についての立法府の対応に関する全体会議で、又市征治参議院議員は、改元に関して、次の発言をした。「せっかくの議長、副議長の御努力ですが、昨今、何か知らぬけれども、二〇一九年の元旦から改元しますなんという話がどんどん出てくると、どこが出しているのか分からぬけれども、こんなことを一方で、議論がまだどうするかという、生前退位が本当の意味でみんなで了解できたのかどうかということもある中で、こういうことがどんどん流されることはいかがなものかということがあるので、両院議長の方で善処方、是非要請をお願いをしたい、このように思います」[40]。

その発言に関して、大島理森衆議院議長は、次の発言をした。「やれ元号がどうだ、これがどうだという話が新聞に出ておりまして、私も伊達議長もあるいは両副議長も、それぞれの先生方からどうなっているんだとお叱りをいただいて、その都度に情報管理、あるいはそういう報道はけしからぬと、これは申し入れておりまして、皆さんの強い思いを改めて内閣にもお伝えを申し上げたいと、このように思いますし、我々は立法府としてそういう矜持を持ってこの会議を開かさせていただくという、そこの決意と認識はみんな共有しておられることに改めて私は敬意を表したいと、こう思っておりますので、よろしくお願いしたいと思います」[41]。

又市征治参議院議員・大島理森衆議院議長のその発言の背景に関して述べておくと、平成29年1月11日、改元に関して、以下の報道がされた。

まず、朝日新聞の報道は、次のとおりだ。「天皇陛下の退位をめぐり、政府は2019年1月1日に皇太子さまが新天皇に即位し、同日から新たな元号とする方向で検討に入った」[42]「新元号は、即位の前にあらかじめ発表する方向で調整を進める」[43]。

また、読売新聞の報道は、次のとおりだ。「政府は、2019年1月1日に皇太子さまが新天皇に即位し、同時に元号を改める検討に入った。新元号

は改元の半年以上前に公表する方向だ」[44]。

　そして、日本経済新聞の報道は、次のとおりだ。「政府は天皇陛下の退位に伴う皇位継承の時期について、2019年元日を念頭に制度設計する検討に入った。皇太子さまの即位に備え、新たな元号の検討にも着手した。（中略）新元号の適用は『年の途中に天皇の代替わりがあると国民生活への影響が大きい』（首相官邸筋）ことから、19年元日とする方向で調整する」[45]。

　先程述べたように、両議院合同で取り組むことを合意したのは、平成29年1月16日だ。また、天皇の退位等についての立法府の対応に関する全体会議が初めて開催されたのは、平成29年1月19日だ[46]。それにもかかわらず、平成29年1月11日の時点で、そういう報道がされた。そのようなことを背景として、「立法府でこれから議論等をするのに、そういう報道がすでにどんどんされているのは、いかがなものか」といった意見が存在した。

　そして、一応述べておくと、2019年1月1日に改元は行われなかった。

## 5　天皇の退位等に関する皇室典範特例法

### (1) 天皇の退位等に関する皇室典範特例法案の閣議決定・国会提出

　以上で述べた「『天皇の退位等についての立法府の対応』に関する衆参正副議長による議論のとりまとめ」や、天皇の公務の負担軽減等に関する有識者会議の「最終報告」をふまえて、政府が法律案の立案作業を進めた。

　その結果、平成29年5月19日、「天皇の退位等に関する皇室典範特例法案」が、閣議決定され、国会に提出された（第193回国会閣法第66号）[47]。

　同法律案の提出理由は、次のとおりだ。「皇室典範第四条の規定の特例として、天皇陛下の退位及び皇嗣の即位を実現するとともに、天皇陛下の退位後の地位その他の退位に伴い必要となる事項について所要の措置を講ずる必要がある。これが、この法律案を提出する理由である」（なお、先程

示したように、皇室典範4条は「天皇が崩じたときは、皇嗣が、直ちに即位する」と規定している）。

## (2) 天皇の退位等に関する皇室典範特例法案の内容等

　平成29年6月7日、第193回国会参議院天皇の退位等に関する皇室典範特例法案特別委員会で、菅義偉内閣官房長官は、天皇の退位等に関する皇室典範特例法案の内容に関して、次の答弁をした。「法律案（著者注：天皇の退位等に関する皇室典範特例法案）の内容について、その概要を御説明申し上げます。第一に、天皇は、この法律の施行の日限り、退位し、皇嗣が直ちに即位することとしております。この法律の施行の日は、公布の日から起算して三年を超えない範囲内において政令で定める日としており、その政令を定めるに当たっては、内閣総理大臣は、あらかじめ、皇室会議の意見を聴かなければならないこととしております。第二に、退位した天皇は、上皇とし、上皇に関しては、皇室典範に定める事項については、天皇又は皇族の例によることとしております。第三に、上皇の后は、上皇后とし、上皇后に関しては、皇室典範に定める事項については、皇太后の例によることとしております。第四に、上皇及び上皇后の日常の費用等には内廷費を充てることとし、上皇に関する事務を遂行するため、宮内庁に、上皇職並びに上皇侍従長及び上皇侍従次長を置くこととしております。第五に、天皇の退位に伴い皇嗣となった皇族に関しては、皇室典範に定める事項については、皇太子の例によることとしております。また、当該皇族の皇族費は定額の三倍に増額することとし、当該皇族に関する事務を遂行するため、宮内庁に、皇嗣職及び皇嗣職大夫を置くこととしております。第六に、皇室典範の附則に、皇室典範の特例として天皇の退位について定める天皇の退位等に関する皇室典範特例法は、皇室典範と一体を成すものである旨の規定を新設することとしております。このほか、これらに関連いたしまして、所要の規定の整備を行うこととしております」（これは、天皇の退位等に関する皇室典範特例法の内容でもある。天皇の退位等に関する皇室典範特例法案は、修正されることなく成立した）。

　天皇の退位等に関する皇室典範特例法案は、平成29年6月1日（第193

回国会）衆議院議院運営委員会、同年同月2日衆議院本会議、同年同月7日参議院天皇の退位等に関する皇室典範特例法案特別委員会、同年同月9日参議院本会議で可決され、成立した。そして、天皇の退位等に関する皇室典範特例法は、同年同月16日公布された（平成29年法律第63号、表❺参照）。

表❺天皇の退位等に関する皇室典範特例法の公布までの経緯

| | |
|---|---|
| 平成29年5月19日 | 天皇の退位等に関する皇室典範特例法案が、閣議決定され、第193回国会に提出された（第193回国会閣法第66号）。 |
| 平成29年6月1日 | 天皇の退位等に関する皇室典範特例法案が、第193回国会衆議院議院運営委員会で、全会一致をもって可決された。 |
| 平成29年6月2日 | 天皇の退位等に関する皇室典範特例法案が、第193回国会衆議院本会議で、賛成多数をもって可決された。 |
| 平成29年6月7日 | 天皇の退位等に関する皇室典範特例法案が、第193回国会参議院天皇の退位等に関する皇室典範特例法案特別委員会で、全会一致をもって可決された。 |
| 平成29年6月9日 | 天皇の退位等に関する皇室典範特例法案が、第193回国会参議院本会議で、全会一致をもって可決され、成立した。 |
| 平成29年6月16日 | 天皇の退位等に関する皇室典範特例法が、公布された（平成29年法律第63号）。 |

※内閣法制局ウェブサイト「天皇の退位等に関する皇室典範特例法案の提出理由（第193回国会）」、衆議院ウェブサイト「法律案等審査経過概要第193回国会天皇の退位等に関する皇室典範特例法案（内閣提出第66号）」、参議院ウェブサイト「議案情報議案審議情報天皇の退位等に関する皇室典範特例法案」、阿久津正好「天皇陛下の退位を実現」時の法令2035号（平成29年）9頁、飯田泰士『詳説天皇の退位──平成の終焉』（昭和堂、平成30年）266頁、269頁、274-275頁に基づいて、筆者が表❺を作成した。

### (3) 天皇の退位等に関する皇室典範特例法案に対する附帯決議と改元

なお、平成29年6月1日の第193回国会衆議院議院運営委員会と同年同月7日の第193回国会参議院天皇の退位等に関する皇室典範特例法案特

別委員会で、天皇の退位等に関する皇室典範特例法案に対して、附帯決議が付された（天皇の退位等に関する皇室典範特例法案に対する附帯決議）。改元に関する内容を含むその附帯決議は、以下のとおりだ。

**天皇の退位等に関する皇室典範特例法案に対する附帯決議**
 一　政府は、安定的な皇位継承を確保するための諸課題、女性宮家の創設等について、皇族方の御年齢からしても先延ばしすることはできない重要な課題であることに鑑み、本法施行後速やかに、皇族方の御事情等を踏まえ、全体として整合性が取れるよう検討を行い、その結果を、速やかに国会に報告すること。
 二　一の報告を受けた場合においては、国会は、安定的な皇位継承を確保するための方策について、「立法府の総意」が取りまとめられるよう検討を行うものとすること。
 三　政府は、本法施行に伴い元号を改める場合においては、改元に伴って国民生活に支障が生ずることがないようにするとともに、本法施行に関連するその他の各般の措置の実施に当たっては、広く国民の理解が得られるものとなるよう、万全の配慮を行うこと。
  右決議する。

　平成29年6月1日の第193回国会衆議院議院運営委員会と同年同月7日の第193回国会参議院天皇の退位等に関する皇室典範特例法案特別委員会で、菅義偉内閣官房長官は、その附帯決議に関して、次の答弁をした。「ただいま御決議をいただきました附帯決議につきましては、その趣旨を尊重してまいりたいと存じます」[48]。
　また、平成30年（2018年）12月6日、第197回国会参議院内閣委員会で、嶋田裕光内閣府大臣官房総括審議官は、改元に関係するその附帯決議の三に関して、次の答弁をした。「皇室典範特例法の附帯決議におきまして、改元に伴って国民生活に支障が生じることがないよう配慮するように求められているところでございまして、こうしたことも踏まえまして、新たな元号の公表時期につきまして、国民生活への影響等も考慮しつつ、適

切に検討してまいりたいと思います」。

**(4) 天皇の退位等に関する皇室典範特例法1条と立法事実・改元**

以上で述べたように、平成29年6月9日、天皇の退位等に関する皇室典範特例法が成立し、同年同月16日、同法が公布された。

そして、例えば、同法1条は、以下のとおりだ。

**天皇の退位等に関する皇室典範特例法1条**
> この法律は、天皇陛下が、昭和六十四年一月七日の御即位以来二十八年を超える長期にわたり、国事行為のほか、全国各地への御訪問、被災地のお見舞いをはじめとする象徴としての公的な御活動に精励してこられた中、八十三歳と御高齢になられ、今後これらの御活動を天皇として自ら続けられることが困難となることを深く案じておられること、これに対し、国民は、御高齢に至るまでこれらの御活動に精励されている天皇陛下を深く敬愛し、この天皇陛下のお気持ちを理解し、これに共感していること、さらに、皇嗣である皇太子殿下は、五十七歳となられ、これまで国事行為の臨時代行等の御公務に長期にわたり精勤されておられることという現下の状況に鑑み、皇室典範（昭和二十二年法律第三号）第四条の規定の特例として、天皇陛下の退位及び皇嗣の即位を実現するとともに、天皇陛下の退位後の地位その他の退位に伴い必要となる事項を定めるものとする。

天皇の退位等に関する皇室典範特例法1条では、次の①②③の立法事実があげられている。①天皇陛下が、昭和64年1月7日の御即位以来28年を超える長期にわたり、国事行為のほか、全国各地への御訪問、被災地のお見舞いをはじめとする象徴としての公的な御活動に精励してこられた中、83歳と御高齢になられ、今後これらの御活動を天皇として自ら続けられることが困難となることを深く案じておられること、②これに対し、国民は、御高齢に至るまでこれらの御活動に精励されている天皇陛下を深く敬愛し、この天皇陛下のお気持ちを理解し、これに共感していること、

③さらに、皇嗣である皇太子殿下は、57歳となられ、これまで国事行為の臨時代行等の御公務に長期にわたり精勤されておられること。

要するに、今回は、①②③があって、天皇陛下の退位を実現する、ということだ。

皇位継承の原因は天皇の崩御に限られ（皇室典範4条）、天皇の退位は認められていない、とされてきたが、天皇陛下の退位を実現する天皇の退位等に関する皇室典範特例法が今回設けられた。

そして、天皇陛下の退位を原因とする皇位継承に伴い、改元が行われる。

### (5) 天皇の退位等に関する皇室典範特例法2条と皇位継承・改元

また、天皇の退位等に関する皇室典範特例法2条は「天皇は、この法律の施行の日限り、退位し、皇嗣が、直ちに即位する」と規定している。

施行の日の満了する時点をもって、同法2条の規定による皇位の継承が行われる。

そして、同法2条の規定による皇位の継承に伴って、改元が行われる。

なお、「皇嗣が、直ちに即位する」のは、皇室典範4条と同じだ。先程示したように、皇室典範4条は「天皇が崩じたときは、皇嗣が、直ちに即位する」と規定している。

### (6) 天皇の退位等に関する皇室典範特例法3条・同法4条と上皇・上皇后

また、天皇の退位等に関する皇室典範特例法3条1項は「前条の規定により退位した天皇は、上皇とする」と規定し、同法3条2項は「上皇の敬称は、陛下とする」と規定している。要するに、天皇陛下は、退位に伴い、上皇陛下となられる。

また、同法4条1項は「上皇の后は、上皇后とする」と規定し、同法4条2項は「上皇后に関しては、皇室典範に定める事項については、皇太后の例による」と規定している。

「皇太后の例による」ということだが、「例による」とは、どういうことか。昭和60年12月10日、第103回国会衆議院内閣委員会で、大森政輔

内閣法制局第二部長（当時）は、「例による」に関して、次の答弁をした。「一般的に申し上げますと、『例による』という用語につきましては、広くある制度または一連の法令の規定を、原則としてそのまま包括的に同種の事項に当てはめようとする場合に用いるのが例でございます」。

つまり、「例による」というのは、同様に取り扱う、ということだ。

そのため、「皇太后の例による」というのは、皇太后と同様に取り扱う、ということだ。

そして、皇室典範23条1項は「天皇、皇后、太皇太后及び皇太后の敬称は、陛下とする」と規定している。上皇后に関しては、皇室典範に定める事項については、「皇太后の例による」ということなので、上皇后の敬称は、皇太后の敬称と同じく「陛下」となる。要するに、皇后陛下は、天皇陛下の退位に伴い、上皇后陛下となられる。

御夫妻として御活動を重ねられてきた天皇陛下・皇后陛下[51]（表❻参照）は、天皇陛下の退位に伴い、上皇陛下・上皇后陛下となられる。

なお、平成29年6月1日、第193回国会衆議院議院運営委員会で、菅義偉内閣官房長官は、天皇の退位等に関する皇室典範特例法3条1項・同法4条1項に関して、次の答弁をした。「退位後の天皇の称号については、歴史上、退位後の天皇の称号として上皇が広く国民に受け入れられ、定着したものであることや、象徴や権威の二重性を回避する観点から、現行憲法のもとにおいて象徴天皇であった方をあらわす新たな称号として、上皇とするものであります。また、退位後の天皇の后の称号については、旧皇室典範以降、未亡人との意味合いを帯びた称号として受けとめられるようになった皇太后ではなく、天皇陛下と常に御活動をともにされてきた皇后陛下にふさわしい称号となるように、上皇という新たな称号と一対になる称号として、上皇后とすることにしたものであります」。

**表❻天皇皇后両陛下**

| 天皇陛下 | お名前 | 明仁(あきひと) |
|---|---|---|
| | お続柄 | 昭和天皇第1皇男子（父親は昭和天皇、母親は香淳皇后） |
| | お誕生日 | 昭和8年12月23日 |
| | ご称号 | 継宮(つぐのみや) |
| | お印 | 榮(えい) |
| | 成年式 | 昭和27年11月10日 |
| | 立太子の礼 | 昭和27年11月10日 |
| | ご即位 | 昭和64年1月7日 |
| | 剣璽等承継の儀 | 昭和64年1月7日 |
| | 即位後朝見の儀 | 平成元年1月9日 |
| | 即位礼正殿の儀 | 平成2年11月12日 |
| | 大嘗祭 | 平成2年11月22日・同年同月23日 |
| | ご退位 | 平成31年4月30日（天皇の退位等に関する皇室典範特例法2条、同法附則1条1項、天皇の退位等に関する皇室典範特例法の施行期日を定める政令参照） |
| | ご学歴等 | 昭和31年：学習院大学教育ご終了 |
| 皇后陛下 | お名前 | 美智子(みちこ) |
| | お続柄 | 故正田英三郎(しょうだひでさぶろう)第1女子 |
| | お誕生日 | 昭和9年10月20日 |
| | お印 | 白樺 |
| | 総裁職等 | 日本赤十字社　名誉総裁 |
| | ご学歴等 | 昭和32年：聖心女子大学文学部外国語外国文学科ご卒業 |

| ご結婚関係 | 皇室会議（皇室典範10条参照） | 昭和33年11月27日 |
|---|---|---|
| | 納采の儀 | 昭和34年1月14日 |
| | ご結婚 | 昭和34年4月10日 |
| お子様 | 第1皇男子<br>徳仁親王殿下（なるひと）<br>昭和35年2月23日ご誕生<br>ご称号：浩宮（ひろのみや） | |
| | 第2皇男子<br>文仁親王殿下（ふみひと）<br>昭和40年11月30日ご誕生<br>ご称号：礼宮（あやのみや） | |
| | 第1皇女子<br>清子内親王殿下（さやこ）<br>昭和44年4月18日ご誕生<br>ご称号：紀宮（のりのみや）<br>平成17年11月15日ご結婚（黒田慶樹氏（くろだよしき）夫人） | |

※宮内庁ウェブサイト「ご略歴 天皇皇后両陛下」、宮内庁ウェブサイト「皇室の構成図（平成31年3月1日現在）」、宮内庁ウェブサイト「ご結婚により、皇族の身分を離れられた内親王及び女王」、宮内庁ウェブサイト「ご即位・大礼の主な儀式・行事」、国立公文書館ウェブサイト「35 皇太子殿下の婚姻に関する件」、首相官邸ウェブサイト「天皇の退位等に関する皇室典範特例法について」に基づいて、筆者が表❻を作成した。

※皇室典範10条は「立后及び皇族男子の婚姻は、皇室会議の議を経ることを要する」と規定している。皇室典範10条に関しては、飯田泰士『詳説天皇の退位──平成の終焉』（昭和堂、平成30年）133頁、338頁参照。

※平成31年3月17日、NHKは、天皇皇后両陛下に関して、次の報道をした。「天皇皇后両陛下は17日、天皇陛下の即位30年と両陛下の結婚60年にあたって、皇太子さまや秋篠宮さまなどが開かれたお祝いの昼食会に臨まれました」［NHKウェブサイト「即位30年と結婚60年 両陛下を昼食会でお祝い」］。

### (7) 天皇の退位等に関する皇室典範特例法附則2条と失効・改元

　また、天皇の退位等に関する皇室典範特例法附則2条は「この法律は、この法律の施行の日以前に皇室典範第四条の規定による皇位の継承があったときは、その効力を失う」と規定している。

　天皇の退位等に関する皇室典範特例法の施行の日以前に、皇室典範4条の規定による皇位の継承があったときは、天皇の退位等に関する皇室典範特例法は効力を失う。

　なお、先程示したように、皇室典範4条は「天皇が崩じたときは、皇嗣が、直ちに即位する」と規定している。要するに、天皇の退位等に関する皇室典範特例法附則2条は、天皇陛下崩御の可能性があることを考慮に入れて、設けられた。平成29年5月10日、天皇の退位等についての立法府の対応に関する全体会議で、山﨑重孝内閣総務官（当時）は、そのことに関して、次の発言をした。「これは恐れ多いことでございますが、万が一、この法律（著者注：天皇の退位等に関する皇室典範特例法）が施行される前に原則による皇位の継承があった場合、天皇陛下が崩御された場合でございますが、その場合には、この法律は効力を失う」[52]。

　そして、天皇陛下が崩御され、皇太子殿下が皇位を継承される際も、改元は行われる〔元号法2項。先程述べたように、昭和天皇が崩御され、皇太子明仁親王殿下（天皇陛下）が皇位を継承された、そして、それに伴い、昭和から平成への改元が行われた。それと同様だ〕。

### (8) 天皇の退位等に関する皇室典範特例法附則8条と意見公募手続・元号を改める政令

　また、天皇の退位等に関する皇室典範特例法附則8条は、以下のとおりだ。

**天皇の退位等に関する皇室典範特例法附則8条**

　　次に掲げる政令を定める行為については、行政手続法（平成五年法律第八十八号）第六章の規定は、適用しない。
　一　第二条の規定による皇位の継承に伴う元号法（昭和五十四年法律第

四十三号）第一項の規定に基づく政令
　二　附則第四条第一項第二号及び第二項、附則第五条第二号並びに次条の規定に基づく政令

　天皇の退位等に関する皇室典範特例法附則 8 条 1 号に関してだが、先程述べたように、同法 2 条の規定による皇位の継承に伴って、改元が行われる。元号を改める政令は、元号法 1 項の規定に基づき、制定される。
　また、天皇の退位等に関する皇室典範特例法附則 8 条柱書を見るとわかるように、同法附則 8 条は、行政手続法（平成 5 年法律第 88 号）6 章に関する規定だ。
　行政手続法 6 章は、意見公募手続等に関して、規定している。
　意見公募手続というのは、いわゆるパブリックコメントだ。パブリックコメントは、国の行政機関が、政令・省令等を定めようとする際に、事前に、広く一般から意見を募り、その意見を考慮することによって、行政運営の公正さの確保と透明性の向上を図り、国民の権利利益の保護に役立てることを目的としている。平成 18 年 4 月 18 日、第 164 回国会衆議院行政改革に関する特別委員会で、中馬弘毅国務大臣（当時）は、パブリックコメントに関して、次の答弁をした。「政令、府省令を定めるに当たりましては、行政手続法に基づく意見公募手続等によりまして、パブリックコメントですね、国民の意見を幅広く聞いた上で、適切な内容を策定してまいりたいと考えております」。
　では、天皇の退位等に関する皇室典範特例法附則 8 条柱書・同法附則 8 条 1 号の背景には、どのような考え方があるのだろうか。
　平成 29 年 5 月 10 日、天皇の退位等についての立法府の対応に関する全体会議で、山﨑重孝内閣総務官（当時）は、そのことに関して、次の発言をした。「パブコメ（著者注：パブリックコメント）の適用除外でございます。（中略）（一）とございまして、これは元号法に基づく政令、元号を定める政令でございます。パブコメの場合、政府案をそのままパブコメにかけまして御意見をいただくようになっていますが、実際上、一つの元号案を決めて、政令案をお示しして、それに対して異論があるというものを新た

元号としてお迎えするという話も適当でないだろうということでございます」[54]。

### (9) 元号と一般的国民投票

ところで、3つ前の段落で示した中馬弘毅国務大臣（当時）の答弁は、国民の意見に言及している。そこで、以下、国民の意見と元号に関して、述べてみたい。

国民の意見と元号に関して、次のように考えている人がいるかもしれない。「新元号を選定するにあたって、一般的国民投票（憲法改正以外の国政上の重要問題を案件とする国民投票）[55]を実施してほしかった、そういう制度にしてほしかった。例えば、新元号として望ましいのはAかBか、を問う国民投票を実施してほしかった。ニュージーランドでは、平成27年・平成28年（2015年・2016年）、国旗変更に関して国民投票が実施されている」[56]。

そのことに関してだが、まず、昭和53年2月3日、第84回国会衆議院予算委員会で、真田秀夫内閣法制局長官（当時）は、次の答弁をした。「現行の憲法がいわゆる間接民主制をとっておることは、これはもうおっしゃるとおりでございまして、憲法の前文なりあるいは四十一条ないし四十三条あたりの条文から見ましても、これは明らかに間接民主制を国の統治の機構の基本原理として採用しているわけでございます。憲法自身が、それに対する例外と申しますか、直接民主制を書いている事項もございます。たとえば憲法改正に対する国民投票とか、あるいは最高裁判所裁判官の国民審査の制度とか、あるいはいわゆる地方特別法の制定に関する住民投票、こういうように限定的に憲法は直接民主制を容認しておる、こういうふうに私たちも理解いたしております。したがいまして、たとえ法律をもっていわゆる住民投票制を設けるといたしましても、いま申しましたような憲法の趣旨から見まして、その住民投票の結果が法的な効力を持って国政に参加するという形に仕組むことは、これは憲法上恐らく否定的な結論になるのだろうと思いますが、ただいまおっしゃいましたように、法的な効力は与えない、どこまでも国会が唯一の立法機関であるという憲法

四十一条の原則に触れないという形に制度を仕組むということであれば、まずその点は憲法に違反しない。しかも、どういう事項についてこれを国民投票に付するかということについても、国会自身が決めるということであれば、それはやはり国会が国権の最高機関であるという原則にも触れないであろう。したがいまして、個別的な事案につきまして国民全体の意思を、総意を国会がいろいろな御審議の参考にされるために国民投票に付するという制度を立てることが、直ちに憲法違反だとは私も思っておりません」。真田秀夫内閣法制局長官（当時）のその答弁は、「現行憲法下では、一般的国民投票の導入は認められない」というものではない。なお、平成26年4月24日、第186回国会衆議院憲法審査会で、橘幸信衆議院法制次長（当時）は、憲法・一般的国民投票に関して、次の答弁をした。「憲法九十六条が定める憲法改正に係る国民投票以外の場面について、例えば、先生御指摘のような、国政における重要な問題に関する国民投票制度を、その結果に法的拘束力を持たせない諮問的なものとした上で法制度設計することにつきましては、現行憲法のもとにおいても十分に認められるとする御見解は解釈論の一つとして成り立ち得るものと拝察いたします。現に、そのような見解は、学説においてもむしろ多数の見解として述べられているように御紹介されている文献もあるところでございます」。

また、世論調査の結果によると、一般的国民投票の導入に賛成する意見が圧倒的に多い。

ただ、新元号を選定するにあたって、一般的国民投票を実施する場合、どの選択肢が望ましいかを巡って、国民の間で、対立が生じるおそれがある。しかも、新元号を選定するにあたって、一般的国民投票を実施した場合、その結果で、国民の意見が分かれていることが示されると考えられる〔一般的国民投票において、ある1つの選択肢に投票が集中し、他の選択肢に全く票が入らない（0票）、ということは、現実的には考えられない〕。

また、平成30年12月6日、第197回国会参議院内閣委員会で、嶋田裕光内閣府大臣官房総括審議官は、元号に関して、次の答弁をした。「新たな元号につきましては、元号法に基づき、内閣の責任におきまして定めることになっておりますけれども、改元に当たりまして、新たな元号が広く

国民に受け入れられ、日本人の生活の中に引き続き深く根差していくものになるように慎重に検討することが必要だと考えております」。なお、先程示したように、「改元に際しての内閣総理大臣談話（昭和64年1月7日）」には、次の内容がある。「元号は、千三百年余の歴史を有しております。単に年を表示する手段としてだけではなく、長い歴史の中で日本人の心情に溶け込み、日本国民の心理的一体感の支えにもなっております。この新しい元号も、広く国民に受け入れられ、日本人の生活の中に深く根ざしていくことを心から願っている次第であります」。

　1つ前の段落と2つ前の段落で述べたことをふまえて、次のように考える人がいるかもしれない。「新元号を選定するにあたって、一般的国民投票を実施すると、新元号が、広く国民に受け入れられるものではなくなってしまう可能性がある。そのため、新元号を選定するにあたって、一般的国民投票を実施するのは望ましくない」「新元号を選定するにあたって、一般的国民投票を実施すると、日本国民の心理的一体感の支えになっているという元号の機能が、損なわれてしまう可能性がある。そのため、新元号を選定するにあたって、一般的国民投票を実施するのは望ましくない」。

## (10) 元号に関する国民の意識・慣行

　なお、平成30年11月28日、読売新聞は、元号に関して、次の報道をした。「読売新聞社が実施した平成時代に関する全国世論調査（郵送方式）で、ふだんの生活や仕事で元号と西暦のどちらを使いたいか尋ねると、『元号を使いたい』50％と『西暦を使いたい』48％が拮抗した。年代別にみると、40歳代以下は『西暦』が多く、50〜60歳代は『元号』と『西暦』がほぼ同じ割合。70歳以上では『元号』が6割を超え、年代による意識の差が大きかった（著者注：表❼参照）。調査方法が異なるため、単純比較はできないが、平成に改元した直後の1989年1月調査（面接方式）では、全体で『元号』が64％、『西暦』が28％だった。平成の30年間で、元号と西暦を巡る意識が変化したことがうかがえる[58]」。

　3つ前の段落で示したように、「改元に際しての内閣総理大臣談話（昭和64年1月7日）」には、次の内容がある。「この新しい元号も、広く国民に

受け入れられ、日本人の生活の中に深く根ざしていくことを心から願っている次第であります」。

その内閣総理大臣談話が出されてから 30 年以上経過したわけだが、元号「平成」は、広く国民に受け入れられ、日本人の生活の中に深く根ざしているのだろうか。

また、3 つ前の段落で示した読売新聞の報道に基づくと、40 歳代以下では「（ふだんの生活や仕事で）西暦を使いたい」が多いわけだが（表❼参照）、新元号は、広く国民に受け入れられ、日本人の生活の中に深く根ざすものになるのだろうか。

ちなみに、内閣制度百年史編纂委員会編『内閣制度百年史上巻』（大蔵省印刷局、昭和 60 年）には、元号の使用に関して、次の内容がある。「〈元号法〉によって、元号を使用しなければならないという法的な義務が生じたわけではない。国民において、元号と西暦等との使い分けは自由である。一方、公的機関の事務については、これまでも、年の表示には、外交文書など国際的なもの等を除き、原則として元号を用いてきたところであり、〈元号法〉には、国・地方公共団体等に対しても、元号の使用を義務付ける規定はないが、国権の最高機関である国会が法律という形で元号を根拠付けたものであり、この慣行は、今後も当然続くことを予定しているものと考えられる」。また、平成 30 年 12 月 6 日、第 197 回国会参議院内閣委員会で、嶋田裕光内閣府大臣官房総括審議官は、元号の使用に関して、次の答弁をした。「西暦と元号の表記の件でございますけれども、公的機関において作成される文書につきましては、従来から、慣行によりまして元号が使用されてきたケースが多うございます」。

さて、「（ふだんの生活や仕事で）西暦を使いたい」という国民が圧倒的多数になっても、そういう慣行は続くのだろうか。

表❼元号と西暦のどちらを使いたいか

| | 元号 | 西暦 |
|---|---|---|
| 18歳〜29歳 | 39% | 60% |
| 30歳代 | 45% | 54% |
| 40歳代 | 45% | 55% |
| 50歳代 | 50% | 49% |
| 60歳代 | 48% | 51% |
| 70歳以上 | 64% | 31% |
| 全体 | 50% | 48% |

※読売新聞朝刊平成30年11月28日1頁「『元号使いたい』50%」、読売新聞朝刊平成30年11月28日21頁「『元号派』『西暦派』に年代差」に基づいて、筆者が表❼を作成した。

## 6 天皇の退位等に関する皇室典範特例法の施行期日を定める政令

### (1) 天皇の退位等に関する皇室典範特例法附則1条と施行期日・改元

先程示したように、天皇の退位等に関する皇室典範特例法2条は「天皇は、この法律の施行の日限り、退位し、皇嗣が、直ちに即位する」と規定している。

そして、施行期日に関して規定している同法附則1条は、以下のとおりだ。

**天皇の退位等に関する皇室典範特例法附則1条**

1　この法律は、公布の日から起算して三年を超えない範囲内において政令で定める日から施行する。ただし、第一条並びに次項、次条、附則第八条及び附則第九条の規定は公布の日から、附則第十条及び第十一条の規定はこの法律の施行の日の翌日から施行する。

2　前項の政令を定めるに当たっては、内閣総理大臣は、あらかじめ、皇室会議の意見を聴かなければならない。

平成29年6月1日、第193回国会衆議院議院運営委員会で、菅義偉内閣官房長官は、天皇の退位等に関する皇室典範特例法附則1条がそう規定している背景に関して、次の答弁をした。「皇位の継承事由を崩御に限定しております現在の皇室典範は、制度上、退位を予定しておらず、天皇陛下の退位は、今回の法案（著者注：天皇の退位等に関する皇室典範特例法案）によって初めて実現をされるものであります。したがって、退位に向けた各方面との調整は法案成立後に開始すべきものであります。その上で、天皇陛下の退位は憲政史上初めての事柄であり、退位に向けて準備が必要となる事項は、退位後の補佐組織の編成、退位後のお住まい、これに伴う予算、退位に伴う元号の改正など、多岐にわたることとなるものと考えられます。これらは法案成立後に具体的な検討、準備が開始をされるものであることからすれば、これらの検討、準備にどれだけの期間が必要であるのかを現時点において判断することは困難であるというふうに思います。また、退位日となる法律の施行日を定めるに当たっては、改元等による国民生活への影響等も考慮しなければならないことも事実であると思います。政府としては、これらの事情を踏まえ、法律上、退位日を意味する法律の施行日を政令で定めることとした上で、当該政令を定めるに当たり、国民生活や皇室の事情に関して高い識見を有する皇室会議の意見を聴かなければならないこととしたものであります」。

　菅義偉内閣官房長官のその答弁に基づくと、天皇の退位等に関する皇室典範特例法附則1条がそう規定している背景には、改元に関することもある。

　平成29年11月22日、安倍晋三内閣総理大臣は、天皇の退位等に関する皇室典範特例法附則1条2項の規定に基づき、同法の施行日について、皇室会議（皇室に関する重要事項を審議決定する機関）[62]に意見を求めた［「天皇の退位等に関する皇室典範特例法の施行日について（諮問）平成29年11月22日 閣総第591号」］[63]。

## (2) 天皇の退位等に関する皇室典範特例法の施行日に関する皇室会議の意見

そして、それを受けて、平成29年12月1日、皇室会議が開催された（表❽参照）。

「天皇の退位等に関する皇室典範特例法の施行日に関する皇室会議の意見」は、次のとおりだ。「天皇の退位等に関する皇室典範特例法（平成29年法律第63号）の施行日の決定に当たっては、天皇陛下の御退位及びそれに伴う皇太子徳仁親王殿下の御即位がつつがなく行われること、皇位の継承に伴う国民生活への影響を考慮すること等に留意する必要がある。以上の点を踏まえて、皇室会議としては、施行日は平成31年4月30日とすべきであると考える。なお、本法の施行に当たっては、国民生活への影響も十分考慮し、皇位の継承がつつがなく行われるよう、政府において遺漏なく準備を進めるとともに、その状況について適時適切に国民に周知を図っていくことが必要である」[64]。

平成29年12月1日、記者会見で、安倍晋三内閣総理大臣は、皇室会議のその意見に関して、次の発言をした。「本日、皇室会議が開催され、皇室典範特例法（著者注：天皇の退位等に関する皇室典範特例法）の施行日について、平成31年4月30日とすべき旨の皇室会議の意見が決定されました。天皇陛下の御退位は、約200年ぶりのことであり、憲政史上、初めての事柄であります。本日、滞りなく皇室会議の意見が決定され、皇位の継承に向けて大きく前進したことに、深い感慨を覚えています。政府としましても、この皇室会議の意見を踏まえ、速やかに施行日を定める政令を制定するとともに、天皇陛下の御退位と皇太子殿下の御即位が、国民の皆様の祝福の中でつつがなく行われるよう、全力を尽くしてまいります」[65]。

なお、安倍晋三内閣総理大臣のその発言に、次の内容がある。「天皇陛下の御退位は、約200年ぶりのこと」。

その内容に関してだが、1817年（江戸時代後期）の光格天皇の退位を最後に、天皇の退位は行われていない。そのため、天皇陛下の退位は、約200年ぶりの天皇の退位ということになる。

### 表❽皇室会議の出席者等

| 日時 | 平成29年12月1日、9:46～11:00 | |
|---|---|---|
| 場所 | 宮内庁特別会議室 | |
| 議案 | 天皇の退位等に関する皇室典範特例法の施行日に関する件（天皇の退位等に関する皇室典範特例法附則1条2項参照） | |
| 出席者 | 皇室会議議員（皇室典範28条1項、同法28条2項参照） | 正仁親王殿下 |
| | | 正仁親王妃華子殿下 |
| | | 安倍晋三内閣総理大臣（議長。皇室典範29条参照） |
| | | 大島理森衆議院議長 |
| | | 伊達忠一参議院議長 |
| | | 寺田逸郎最高裁判所長官 |
| | | 赤松広隆衆議院副議長 |
| | | 郡司彰参議院副議長 |
| | | 岡部喜代子最高裁判所判事 |
| | | 山本信一郎宮内庁長官 |
| | 説明員 | 菅義偉内閣官房長官 |

※宮内庁ウェブサイト「皇室会議（平成29年12月1日開催）の議事概要」1頁に基づいて、筆者が表❽を作成した。

※平成29年11月22日、記者会見で、菅義偉内閣官房長官は、皇室会議の出席者に関して、次の発言をした。「本日、天皇の退位等に関する皇室典範特例法附則第1条第2項の規定に基づき、内閣総理大臣より皇室会議に対し、同法の施行日について、皇室会議の意見を求める旨の諮問がありました。これを受け、皇室会議を12月1日午前9時から宮内庁特別会議室において開催することとなりました。なお、現在の皇族議員は文仁親王殿下と、正仁親王妃華子殿下のお二方でありますが、今回の議案は、文仁親王殿下のお立場等についても定めた皇室典範特例法の施行日に関するものであるため、皇室典範第36条及び第30条第7項の規定に基づき、文仁親王殿下に代わり、予備議員の正仁親王殿下が議員としての職務を行われることとなります。このため、正仁親王殿下と同妃華子殿下のお二方に、御出席をお願いすることとなります」［首相官邸ウェブサイト「平成29年11月22日（水）午前内閣官房長官記者会見」］。なお、皇室典範36条は「議員は、自分の利害に特別の関係のある議事には、参与することができない」と規定し、

同法30条7項は「議員に事故のあるとき、又は議員が欠けたときは、その予備議員が、その職務を行う」と規定している［同法30条7項・同法36条に関しては、園部逸夫『皇室法概論——皇室制度の法理と運用〔復刻版〕』(第一法規、平成28年) 71-72頁参照］。

※安倍晋三内閣総理大臣『衆議院議員逢坂誠二君提出皇室会議における菅官房長官の役割に関する質問に対する答弁書（平成29年12月12日）』には、平成29年12月1日に開催された皇室会議に関して、次の内容がある。「お尋ねの『皇室会議の議員と同じような着席形式』の意味するところが必ずしも明らかではないが、平成二十九年十二月一日に開催された皇室会議を除き、内閣官房長官が皇室会議に出席した事例はない」「お尋ねの『資格』、『≪議事≫に参加』、『皇室会議の議員の輪に加わる』及び『皇室会議の政治主導をアピールするもの』の意味するところが必ずしも明らかではないが、菅内閣官房長官は、平成二十九年十二月一日に開催された皇室会議の議案が、天皇の退位等に関する皇室典範特例法（平成二十九年法律第六十三号）の施行日に関する件であったことから、同法を立案し、及びその施行に関する事務をつかさどる内閣官房の事務を統轄する者として、当該議案とこれに関連して同法の内容等を説明するため、当該皇室会議に出席したものである」。

### (3) 天皇の退位等に関する皇室典範特例法の施行期日を定める政令と退位・即位・改元

そして、平成29年12月8日、「天皇の退位等に関する皇室典範特例法の施行期日を定める政令」が閣議決定された［同政令は、同年同月13日に公布された（平成29年政令第302号）］。同政令は、以下のとおりだ。

**天皇の退位等に関する皇室典範特例法の施行期日を定める政令（平成29年政令第302号）**

　　　内閣は、天皇の退位等に関する皇室典範特例法（平成二十九年法律第六十三号）附則第一条第一項の規定に基づき、この政令を制定する。
　　　天皇の退位等に関する皇室典範特例法の施行期日は、平成三十一年四月三十日とする。

天皇の退位等に関する皇室典範特例法の施行期日を定める政令を見るとわかるように、同政令は、天皇の退位等に関する皇室典範特例法の施行期

日を、平成31年4月30日とするものだ。それにより、平成31年4月30日に天皇陛下が退位され、翌5月1日に皇太子殿下が即位されることになった。

なお、平成29年12月8日（天皇の退位等に関する皇室典範特例法の施行期日を定める政令が、閣議決定された日）、記者会見で、記者が、改元に関して、次の質問をした。「退位と即位の日程がこれで正式に決まったわけですが、新元号への改元は即位と同じ5月1日に行うということでよろしいでしょうか」。

その質問に対して、菅義偉内閣官房長官は、次の発言をした。「まず、元号法は、元号は皇位の継承があった場合に限り改めると規定しており、皇太子殿下のご即位後に速やかに改元は行うという観点から、特段の事情が生じない限り、改元は平成31年5月1日、ここを軸に検討をしていくことにしたい、こう思います」。

また、天皇陛下は第125代天皇なので、皇太子殿下が即位された場合の天皇は第126代天皇ということになる（表❾参照）。

そして、1つ前の段落で述べたことと、平成が247番目の元号だということ（表❶参照）をふまえて、次のように思った人がいるだろう。「歴史上、新天皇の即位・皇位継承以外を背景として、改元が行われたことがあるのだろうな」。

実際、そのとおりであり、例えば、歴史上、祥瑞の出現や大災害を背景として、改元が行われたことがある。

**表❾歴代天皇一覧**

| 代数 | 天皇名等 | 在位年 | 退位した天皇・退位する天皇 ○ | 退位後、上皇となった天皇・上皇となる天皇 ○ |
|---|---|---|---|---|
| 1 | 神武天皇 | 前660〜前585 | | |
| 2 | 綏靖天皇 | 前581〜前549 | | |
| 3 | 安寧天皇 | 前549〜前511 | | |
| 4 | 懿徳天皇 | 前510〜前477 | | |
| 5 | 孝昭天皇 | 前475〜前393 | | |

| | | | | |
|---|---|---|---|---|
| 6 | 孝安天皇 | 前392〜前291 | | |
| 7 | 孝霊天皇 | 前290〜前215 | | |
| 8 | 孝元天皇 | 前214〜前158 | | |
| 9 | 開化天皇 | 前158〜前98 | | |
| 10 | 崇神天皇 | 前97〜前30 | | |
| 11 | 垂仁天皇 | 前29〜70 | | |
| 12 | 景行天皇 | 71〜130 | | |
| 13 | 成務天皇 | 131〜190 | | |
| 14 | 仲哀天皇 | 192〜200 | | |
| 15 | 応神天皇 | 270〜310 | | |
| 16 | 仁徳天皇 | 313〜399 | | |
| 17 | 履中天皇 | 400〜405 | | |
| 18 | 反正天皇 | 406〜410 | | |
| 19 | 允恭天皇 | 412〜453 | | |
| 20 | 安康天皇 | 453〜456 | | |
| 21 | 雄略天皇 | 456〜479 | | |
| 22 | 清寧天皇 | 480〜484 | | |
| 23 | 顕宗天皇 | 485〜487 | | |
| 24 | 仁賢天皇 | 488〜498 | | |
| 25 | 武烈天皇 | 498〜506 | | |
| 26 | 継体天皇 | 507〜531 | | |
| 27 | 安閑天皇 | 531〜535 | | |
| 28 | 宣化天皇 | 535〜539 | | |
| 29 | 欽明天皇 | 539〜571 | | |
| 30 | 敏達天皇 | 572〜585 | | |
| 31 | 用明天皇 | 585〜587 | | |
| 32 | 崇峻天皇 | 587〜592 | | |
| 33 | 推古天皇 | 592〜628 | | |
| 34 | 舒明天皇 | 629〜641 | | |
| 35 | 皇極天皇 | 642〜645 | ○ | |
| 36 | 孝徳天皇 | 645〜654 | | |
| 37 | 斉明天皇 | 655〜661 | | |
| 38 | 天智天皇 | 668〜671 | | |
| 39 | 弘文天皇 | 671〜672 | | |

| | | | | |
|---|---|---|---|---|
| 40 | 天武天皇 | 673〜686 | | |
| 41 | 持統天皇 | 690〜697 | ○ | ○ |
| 42 | 文武天皇 | 697〜707 | | |
| 43 | 元明天皇 | 707〜715 | ○ | ○ |
| 44 | 元正天皇 | 715〜724 | ○ | ○ |
| 45 | 聖武天皇 | 724〜749 | ○ | ○ |
| 46 | 孝謙天皇 | 749〜758 | ○ | ○ |
| 47 | 淳仁天皇 | 758〜764 | ○ | |
| 48 | 称徳天皇 | 764〜770 | | |
| 49 | 光仁天皇 | 770〜781 | ○ | ○ |
| 50 | 桓武天皇 | 781〜806 | | |
| 51 | 平城天皇 | 806〜809 | ○ | ○ |
| 52 | 嵯峨天皇 | 809〜823 | ○ | ○ |
| 53 | 淳和天皇 | 823〜833 | ○ | ○ |
| 54 | 仁明天皇 | 833〜850 | | |
| 55 | 文徳天皇 | 850〜858 | | |
| 56 | 清和天皇 | 858〜876 | ○ | ○ |
| 57 | 陽成天皇 | 876〜884 | ○ | ○ |
| 58 | 光孝天皇 | 884〜887 | | |
| 59 | 宇多天皇 | 887〜897 | ○ | ○ |
| 60 | 醍醐天皇 | 897〜930 | ○ | ○ |
| 61 | 朱雀天皇 | 930〜946 | ○ | ○ |
| 62 | 村上天皇 | 946〜967 | | |
| 63 | 冷泉天皇 | 967〜969 | ○ | ○ |
| 64 | 円融天皇 | 969〜984 | ○ | ○ |
| 65 | 花山天皇 | 984〜986 | ○ | ○ |
| 66 | 一条天皇 | 986〜1011 | ○ | ○ |
| 67 | 三条天皇 | 1011〜1016 | ○ | ○ |
| 68 | 後一条天皇 | 1016〜1036 | | |
| 69 | 後朱雀天皇 | 1036〜1045 | ○ | ○ |
| 70 | 後冷泉天皇 | 1045〜1068 | | |
| 71 | 後三条天皇 | 1068〜1072 | ○ | ○ |
| 72 | 白河天皇 | 1072〜1086 | ○ | ○ |
| 73 | 堀河天皇 | 1086〜1107 | | |

| | | | | |
|---|---|---|---|---|
| 74 | 鳥羽天皇 | 1107～1123 | ○ | ○ |
| 75 | 崇徳天皇 | 1123～1141 | ○ | ○ |
| 76 | 近衛天皇 | 1141～1155 | | |
| 77 | 後白河天皇 | 1155～1158 | ○ | ○ |
| 78 | 二条天皇 | 1158～1165 | ○ | ○ |
| 79 | 六条天皇 | 1165～1168 | | |
| 80 | 高倉天皇 | 1168～1180 | ○ | ○ |
| 81 | 安徳天皇 | 1180～1185 | | |
| 82 | 後鳥羽天皇 | 1183～1198 | ○ | ○ |
| 83 | 土御門天皇 | 1198～1210 | ○ | ○ |
| 84 | 順徳天皇 | 1210～1221 | ○ | ○ |
| 85 | 仲恭天皇 | 1221 | ○ | |
| 86 | 後堀河天皇 | 1221～1232 | ○ | ○ |
| 87 | 四条天皇 | 1232～1242 | | |
| 88 | 後嵯峨天皇 | 1242～1246 | ○ | ○ |
| 89 | 後深草天皇 | 1246～1259 | ○ | ○ |
| 90 | 亀山天皇 | 1259～1274 | ○ | ○ |
| 91 | 後宇多天皇 | 1274～1287 | ○ | ○ |
| 92 | 伏見天皇 | 1287～1298 | ○ | ○ |
| 93 | 後伏見天皇 | 1298～1301 | ○ | ○ |
| 94 | 後二条天皇 | 1301～1308 | | |
| 95 | 花園天皇 | 1308～1318 | ○ | ○ |
| 96 | 後醍醐天皇 | 1318～1339 | ○ | ○ |
| 97 | 後村上天皇 | 1339～1368 | | |
| 98 | 長慶天皇 | 1368～1383 | ○ | ○ |
| 99 | 後亀山天皇 | 1383～1392 | ○ | ○ |
| 100 | 後小松天皇 | 1382～1412 | ○ | ○ |
| 101 | 称光天皇 | 1412～1428 | | |
| 102 | 後花園天皇 | 1428～1464 | ○ | ○ |
| 103 | 後土御門天皇 | 1464～1500 | | |
| 104 | 後柏原天皇 | 1500～1526 | | |
| 105 | 後奈良天皇 | 1526～1557 | | |
| 106 | 正親町天皇 | 1557～1586 | ○ | ○ |
| 107 | 後陽成天皇 | 1586～1611 | ○ | ○ |

| | | | | |
|---|---|---|---|---|
| 108 | 後水尾天皇 | 1611〜1629 | ○ | ○ |
| 109 | 明正天皇 | 1629〜1643 | ○ | ○ |
| 110 | 後光明天皇 | 1643〜1654 | | |
| 111 | 後西天皇 | 1654〜1663 | ○ | ○ |
| 112 | 霊元天皇 | 1663〜1687 | ○ | ○ |
| 113 | 東山天皇 | 1687〜1709 | ○ | ○ |
| 114 | 中御門天皇 | 1709〜1735 | ○ | ○ |
| 115 | 桜町天皇 | 1735〜1747 | ○ | ○ |
| 116 | 桃園天皇 | 1747〜1762 | | |
| 117 | 後桜町天皇 | 1762〜1770 | ○ | ○ |
| 118 | 後桃園天皇 | 1770〜1779 | | |
| 119 | 光格天皇 | 1779〜1817 | ○ | ○ |
| 120 | 仁孝天皇 | 1817〜1846 | | |
| 121 | 孝明天皇 | 1846〜1866 | | |
| 122 | 明治天皇 | 1867〜1912 | | |
| 123 | 大正天皇 | 1912〜1926 | | |
| 124 | 昭和天皇 | 1926〜1989 | | |
| 125 | 天皇陛下（平成の天皇） | 1989〜2019 | ○（天皇の退位等に関する皇室典範特例法２条、同法附則１条１項、天皇の退位等に関する皇室典範特例法の施行期日を定める政令参照） | ○（天皇の退位等に関する皇室典範特例法３条１項参照） |
| 126 | 皇太子殿下が即位された場合の天皇 | 2019〜 | | |

※宮内庁ウェブサイト「天皇系図」、首相官邸ウェブサイト「天皇の公務の負担軽減等に関する有識者会議第２回資料２ 天皇陛下の御活動の状況及び摂政等の過去の事例」16-17頁、首相官邸ウェブサイト「天皇の公務の負担軽減等に関する有識者会議第２回参考資料４ 退位した天皇の退位理由一覧」1-7頁、首相官邸ウェブサイト「天皇の公務の負担軽減等に関する有識者会議第７回議事概要」10頁、首相官邸ウェブサイト「天皇の退位等に関する皇室典範特例法について」に基づいて、筆者が表❾を作成した。

## 7 天皇陛下の御退位及び皇太子殿下の御即位に伴う式典準備委員会

### (1) 天皇陛下の御退位及び皇太子殿下の御即位に伴う式典準備委員会の設置

　その後、平成30年になり、同年1月9日の閣議において、「天皇陛下の御退位及び皇太子殿下の御即位に伴う式典準備委員会」の設置が決定された[70]。

　「天皇陛下の御退位及び皇太子殿下の御即位に伴う式典準備委員会の設置について（平成30年1月9日閣議決定）」には、次の内容がある。「天皇陛下の御退位及び皇太子殿下の御即位がつつがなく行われるよう、関連する式典の準備を総合的かつ計画的に進めるための基本方針を検討するため、内閣に、天皇陛下の御退位及び皇太子殿下の御即位に伴う式典準備委員会（中略）を設置する」[71]。

### (2) 天皇陛下の御退位及び皇太子殿下の御即位に伴う式典の挙行に係る基本方針

　平成30年3月30日、その式典準備委員会の第3回会議において、「天皇陛下の御退位及び皇太子殿下の御即位に伴う式典の挙行に係る基本方針」が取りまとめられた[[72]「天皇陛下の御退位及び皇太子殿下の御即位に伴う式典の挙行に係る基本方針（平成30年3月30日天皇陛下の御退位及び皇太子殿下の御即位に伴う式典準備委員会決定）」]。

## 8　平成30年4月3日の閣議決定・閣議口頭了解

　それを受けて、平成30年4月3日、天皇陛下の御退位及び皇太子殿下の御即位に伴う国の儀式等の挙行に係る基本方針について閣議決定がされ[「天皇陛下の御退位及び皇太子殿下の御即位に伴う国の儀式等の挙行に係る基本方針について（平成30年4月3日閣議決定）」]、また、大嘗祭の挙行について閣

議口頭了解が行われた[「大嘗祭の挙行について（平成30年4月3日閣議口頭了解）」]。

　平成30年4月3日、記者会見で、菅義偉内閣官房長官は、そのことに関して、次の発言をした。「本日、『天皇陛下の御退位及び皇太子殿下の御即位に伴う国の儀式等の挙行に係る基本方針』について、閣議決定をしました。この方針は、式典準備委員会（著者注：天皇陛下の御退位及び皇太子殿下の御即位に伴う式典準備委員会）での検討結果を踏まえ、天皇陛下の御退位及び皇太子殿下の御即位に伴い、国事行為である国の儀式として行われる式典等の準備を総合的、計画的に進めるために策定したものであります。また、大嘗祭（だいじょうさい）については、平成の御代替わりの際の整理を踏襲して、宮内庁において準備を進める旨の閣議口頭了解を行いました。これらの方針に従い、国民がこぞって寿（ことほ）ぐ中で天皇陛下の御退位と皇太子殿下の御即位が、つつがなく行われるよう、内閣が一丸となって準備を進めてまいります」[73]。

　以下、「天皇陛下の御退位及び皇太子殿下の御即位に伴う国の儀式等の挙行に係る基本方針について（平成30年4月3日閣議決定）」と「大嘗祭の挙行について（平成30年4月3日閣議口頭了解）」に関して、述べる。

## 9　「天皇陛下の御退位及び皇太子殿下の御即位に伴う国の儀式等の挙行に係る基本方針について（平成30年4月3日閣議決定）」

### (1) 各式典の挙行に係る基本的な考え方

　まず、「天皇陛下の御退位及び皇太子殿下の御即位に伴う国の儀式等の挙行に係る基本方針について（平成30年4月3日閣議決定）」に関して、述べる。そして、述べるにあたっては、次の①②③④⑤に分けて、述べる。①各式典の挙行に係る基本的な考え方、②各式典の挙行に係る体制、③天皇陛下御在位三十年記念式典、④天皇陛下の退位に伴う式典、⑤皇太子殿下の即位に伴う式典。

①各式典の挙行に係る基本的な考え方に関して。

各式典の挙行については、次の基本的な考え方㋐㋑に基づき、準備を進めることとする。㋐各式典は、憲法の趣旨に沿い、かつ、皇室の伝統等を尊重したものとすること、㋑平成の御代替わりに伴い行われた式典は、現行憲法下において十分な検討が行われた上で挙行されたものであることから、今回の各式典についても、基本的な考え方や内容は踏襲されるべきものであること。

### (2) 各式典の挙行に係る体制

②各式典の挙行に係る体制に関して。

各式典の円滑な実施が図られるよう、平成30年秋を目途とし、各式典の大綱等を決定するため、内閣に、内閣総理大臣を委員長とする「天皇陛下の御退位及び皇太子殿下の御即位に伴う式典委員会（仮称）」を設置するとともに、各府省の連絡を円滑に行うため、内閣府に、内閣官房長官を本部長とする「天皇陛下の御退位及び皇太子殿下の御即位に伴う式典実施連絡本部（仮称）」を設置し、各式典に係る事務は、その委員会・連絡本部の統括の下に行うものとする。

### (3) 天皇陛下御在位三十年記念式典

③天皇陛下御在位三十年記念式典に関して。

天皇陛下在位30年を記念し、国民こぞってこれを祝うため、「天皇陛下御在位三十年記念式典」を行う。天皇陛下御在位三十年記念式典は、平成31年2月24日に、内閣の行う行事として、国立劇場で行う。式典の事務を行うのは、内閣府。

平成31年1月7日に在位30年を迎えられ、同年4月30日に退位されることをふまえ、天皇陛下御在位三十年記念式典の挙行時期が同年2月24日とされた。また、式典の会場は、「天皇陛下御在位十年記念式典」と「天皇陛下御在位二十年記念式典」も、国立劇場だった。

## (4) 天皇陛下の退位に伴う式典

④天皇陛下の退位に伴う式典に関して。

天皇陛下の退位に際しては、「退位の礼」として、次のとおり「退位礼正殿の儀」を行う。天皇陛下の退位を広く国民に明らかにするとともに、天皇陛下が退位前に最後に国民の代表に会われる儀式として、退位礼正殿の儀を行う。退位礼正殿の儀は、天皇陛下の退位日となる平成31年4月30日に、国事行為である国の儀式として、宮中で行う。儀式の事務を行うのは、宮内庁。[78]

なお、先程述べたように、天皇陛下の退位は、約200年ぶりの天皇の退位だ。現行憲法下で前例のない退位礼正殿の儀が、今回行われる。[79] ちなみに、平成30年1月9日、天皇陛下の御退位及び皇太子殿下の御即位に伴う式典準備委員会第1回で、委員が、次のような発言をしていた。「天皇陛下の御退位については、日本国及び日本国民統合の象徴である天皇陛下が御退位されることになるので、そのことを明らかにするための何らかの儀式を行うことが望ましい」。[80]

## (5) 皇太子殿下の即位に伴う式典

⑤皇太子殿下の即位に伴う式典に関して。

皇太子殿下の即位に際しては、「即位の礼」として㋐㋑㋒㋓㋔に掲げる儀式及び㋕に掲げる行事を行うとともに、文仁親王殿下が皇嗣となられることに伴い、㋖に掲げる儀式を行う。

㋐剣璽等承継の儀。

即位に伴い剣璽等を承継される儀式として、「剣璽等承継の儀」を行う。剣璽等承継の儀は、皇太子殿下の即位日（2019年5月1日）に、国事行為である国の儀式として、宮中で行う。[81] 儀式の事務を行うのは、宮内庁。

㋑即位後朝見の儀。

即位後初めて国民の代表に会われる儀式として、「即位後朝見の儀」を行う。即位後朝見の儀は、剣璽等承継の儀後同日（2019年5月1日）に、国事行為である国の儀式として、宮中で行う。儀式の事務を行うのは、宮内庁。

㋒即位礼正殿の儀。

　即位を公に宣明されるとともに、その即位を内外の代表がことほぐ儀式として、「即位礼正殿の儀」を行う。即位礼正殿の儀は、即位年（2019年）の10月22日に、国事行為である国の儀式として、宮中で行う。儀式の事務を行うのは、内閣府。

㋓祝賀御列の儀。

　即位礼正殿の儀終了後、広く国民に即位を披露され、祝福を受けられるための御列として、「祝賀御列の儀」を行う。祝賀御列の儀は、即位礼正殿の儀後同日（2019年10月22日）に、国事行為である国の儀式として、宮殿から皇太子殿下の御在所までの間において行う。儀式の事務を行うのは、内閣府。

㋔饗宴の儀。

　即位を披露され、祝福を受けられるための饗宴として、「饗宴の儀」を行う。饗宴の儀は、国事行為である国の儀式として、宮中で行う。儀式の事務を行うのは、内閣府。

㋕内閣総理大臣夫妻主催晩餐会。

　即位礼正殿の儀に参列するため外国から来日した外国元首・祝賀使節等に日本の伝統文化を披露し、それへの理解を深めてもらうとともに、来日に謝意を表するための晩餐会として、「内閣総理大臣夫妻主催晩餐会」を行う。内閣総理大臣夫妻主催晩餐会は、即位礼正殿の儀の翌日（2019年10月23日）に、内閣の行う行事として、東京都内で行う。晩餐会の事務を行うのは、内閣府。

㋖立皇嗣の礼。

　文仁親王殿下が皇嗣となられたことを広く国民に明らかにする儀式として、「立皇嗣の礼」を行う。立皇嗣の礼は、皇太子殿下の即位年の翌年（2020年）に、国事行為である国の儀式として、宮中で行う。儀式の事務を行うのは、宮内庁。[82]

　ちなみに、平成30年1月9日、天皇陛下の御退位及び皇太子殿下の御即位に伴う式典準備委員会第1回で、委員が、次のような発言をしていた。「今般の特例法においては、皇位継承順位第一位の文仁親王殿下は、

皇太子と同様の皇嗣のお立場になられるので、その事実を明らかにするためにも、立太子の礼（著者注：皇太子であることを公に告げられる儀式[83]）にならった何らかの儀式を行うことが望ましい」[84]。

## 10「大嘗祭の挙行について（平成30年4月3日閣議口頭了解）」

次に、「大嘗祭の挙行について（平成30年4月3日閣議口頭了解）」に関して、述べる。

「大嘗祭の挙行について（平成30年4月3日閣議口頭了解）」は、次のとおりだ。「大嘗祭の挙行については、『〔即位の礼〕・大嘗祭の挙行等について』（平成元年12月21日閣議口頭了解）における整理を踏襲し、今後、宮内庁において、遺漏のないよう準備を進めるものとする」[85]。

## 11 平成30年10月12日の閣議決定・内閣総理大臣決定と大礼委員会

平成30年10月12日、閣議において、「天皇陛下の御退位及び皇太子殿下の御即位に伴う式典委員会」の設置が決定された。「天皇陛下の御退位及び皇太子殿下の御即位に伴う式典委員会の設置について（平成30年10月12日閣議決定）」には、次の内容がある。「『天皇陛下の御退位及び皇太子殿下の御即位に伴う国の儀式等の挙行に係る基本方針について』（平成30年4月3日閣議決定）を踏まえ、天皇陛下の御退位及び皇太子殿下の御即位に関連する国の儀式等の円滑な実施が図られるよう、各式典の大綱等を決定するため、内閣に、天皇陛下の御退位及び皇太子殿下の御即位に伴う式典委員会（中略）を設置する」[86]。

なお、天皇陛下の御退位及び皇太子殿下の御即位に伴う式典委員会が平成30年10月12日閣議決定により設置されたことをふまえ、同日「大礼委員会」が宮内庁に設置された[87]。

また、平成30年10月12日、内閣総理大臣決定により、「天皇陛下の御退位及び皇太子殿下の御即位に伴う式典実施連絡本部」が設置された。「天皇陛下の御退位及び皇太子殿下の御即位に伴う式典実施連絡本部の設置について（平成30年10月12日内閣総理大臣決定）」には、次の内容がある。「『天皇陛下の御退位及び皇太子殿下の御即位に伴う国の儀式等の挙行に係る基本方針について』（平成30年4月3日閣議決定）第2に基づき、天皇陛下の御退位及び皇太子殿下の御即位に伴う式典の実施に関し、各府省の連絡を円滑に行うため、内閣府に、天皇陛下の御退位及び皇太子殿下の御即位に伴う式典実施連絡本部（中略）を設置する」。[88]

## 12 天皇陛下の御退位及び皇太子殿下の御即位に伴う式典委員会

### (1) 立皇嗣の礼

ここで、天皇陛下の御退位及び皇太子殿下の御即位に伴う式典委員会に関して、述べる。そして、述べるにあたっては、次の①②に分けて、述べる。①立皇嗣の礼、②饗宴の儀。

①立皇嗣の礼に関して。

文仁親王殿下の「立皇嗣宣明の儀」及び「朝見の儀」は、皇太子殿下の即位年の翌年（2020年）の4月19日に行う［「立皇嗣の礼の挙行日について（平成30年10月12日天皇陛下の御退位及び皇太子殿下の御即位に伴う式典委員会決定）」］。[89]

なお、平成30年10月12日、天皇陛下の御退位及び皇太子殿下の御即位に伴う式典委員会第1回で、杉田和博内閣官房副長官が、立皇嗣の礼の挙行日に関して、次の趣旨の発言をしていた。「立皇嗣の礼の挙行日については、基本方針で定められた『皇太子殿下が御即位された年の翌年』に行うことを前提としつつ、皇太子殿下の御即位から1年以内に、主要な宮中行事等の日程を避け、関係の方々がつつがなく参列できる日程とする必要があり、年度が改まり、かつ皇太子殿下の御即位から1年以内である4

月 19 日に、立皇嗣宣明の儀及び朝見の儀を執り行ってはどうか」[90]。

## (2) 饗宴の儀

②饗宴の儀に関して。

饗宴の儀は、皇太子殿下の即位年（2019年）の 10 月 22 日・25 日に着席形式で、同月 29 日・31 日に立食形式で、計 4 回行う〔「即位礼正殿の儀等の参列者数等について（平成 30 年 11 月 20 日天皇陛下の御退位及び皇太子殿下の御即位に伴う式典委員会決定）」〕[91]（表❿参照）。

**表❿ 国事行為である国の儀式として行われるもの（西暦）**

| 西暦 | 月日 | 名称 | 備考 |
|---|---|---|---|
| 2019 年 | 4 月 30 日 | 退位礼正殿の儀 | 退位の礼 |
| | 5 月 1 日 | 剣璽等承継の儀 | 即位の礼 |
| | | 即位後朝見の儀 | |
| | 10 月 22 日 | 即位礼正殿の儀 | |
| | | 祝賀御列の儀 | |
| | 10 月 22 日・25 日・29 日・31 日 | 饗宴の儀 | |
| 2020 年 | 4 月 19 日 | 立皇嗣宣明の儀 | 立皇嗣の礼 |
| | | 朝見の儀 | |

※「天皇陛下の御退位及び皇太子殿下の御即位に伴う国の儀式等の挙行に係る基本方針について（平成 30 年 4 月 3 日閣議決定）」、「立皇嗣の礼の挙行日について（平成 30 年 10 月 12 日天皇陛下の御退位及び皇太子殿下の御即位に伴う式典委員会決定）」、「即位礼正殿の儀等の参列者数等について（平成 30 年 11 月 20 日天皇陛下の御退位及び皇太子殿下の御即位に伴う式典委員会決定）」、衆議院調査局「各委員会所管事項の動向――第 198 回国会（常会）における課題等」（平成 31 年）12 頁、警察庁警備局「治安の回顧と展望（平成 30 年版）」（平成 30 年）25 頁に基づいて、筆者が表❿を作成した。

## (3) 参列者数

なお、天皇陛下の御退位及び皇太子殿下の御即位に伴う式典委員会で決定されたのは、以上で述べたことだけではない。例えば、⑦即位礼正殿の

儀の参列者数が、内外の代表 2500 名程度とされたり、㋑饗宴の儀の参列者数が、内外の代表 2600 名程度とされたり、㋒内閣総理大臣夫妻主催晩餐会の参列者数が、外国元首・祝賀使節等 900 名程度とされたりした［「即位礼正殿の儀等の参列者数等について（平成 30 年 11 月 20 日天皇陛下の御退位及び皇太子殿下の御即位に伴う式典委員会決定）」］。[92]

## 13 天皇の即位の日及び即位礼正殿の儀の行われる日を休日とする法律

### (1) 天皇の即位の日及び即位礼正殿の儀の行われる日を休日とする法律案

　平成 30 年 11 月 13 日、「天皇の即位の日及び即位礼正殿の儀の行われる日を休日とする法律案」が閣議決定され、国会に提出された（第 197 回国会閣法第 13 号）。

　同法律案の提出理由は、次のとおりだ。「天皇の退位等に関する皇室典範特例法を踏まえ、天皇の即位に際し、国民こぞって祝意を表するため、即位の日及び即位礼正殿の儀の行われる日を休日とする等の必要がある。これが、この法律案を提出する理由である」。

### (2) 天皇の即位の日及び即位礼正殿の儀の行われる日を休日とする法律と国民の祝日に関する法律

　審議を経て、平成 30 年 12 月 8 日、「天皇の即位の日及び即位礼正殿の儀の行われる日を休日とする法律」が成立し、同年同月 14 日、同法が公布・施行された［平成 30 年法律第 99 号。なお、同法附則 1 条は「この法律は、公布の日から施行し、天皇の退位等に関する皇室典範特例法（平成二十九年法律第六十三号）第二条の規定による天皇の即位に関して適用する」と規定している］。

　天皇の即位の日（2019 年 5 月 1 日）と即位礼正殿の儀の行われる日（2019 年 10 月 22 日）は休日となる（天皇の即位の日及び即位礼正殿の儀の行われる日を休日とする法律本則）。また、これらの休日は国民の祝日扱いとなるため、2019 年 4 月 30 日と同年 5 月 2 日も休日となる［天皇の即位の日及び即位礼[93]

正殿の儀の行われる日を休日とする法律附則 2 条 1 項、国民の祝日に関する法律（昭和 23 年法律第 178 号）3 条 3 項]。

　その結果、土曜日・日曜日を含めると、2019 年 4 月 27 日から同年 5 月 6 日までの 10 連休となる[94]（表⓫参照）。

表⓫ 2019 年 4 月 27 日から同年 5 月 6 日までの 10 連休

| 2019 年 4 月 27 日 | 土曜日 | |
| 2019 年 4 月 28 日 | 日曜日 | |
| 2019 年 4 月 29 日 | 月曜日 | 昭和の日（国民の祝日に関する法律 2 条の国民の祝日であり、国民の祝日に関する法律 3 条 1 項による休日） |
| 2019 年 4 月 30 日 | 火曜日 | 国民の祝日に関する法律 3 条 3 項による休日 |
| 2019 年 5 月 1 日 | 水曜日 | 天皇の即位の日［休日（天皇の即位の日及び即位礼正殿の儀の行われる日を休日とする法律本則）、国民の祝日扱い（天皇の即位の日及び即位礼正殿の儀の行われる日を休日とする法律附則 2 条 1 項）］ |
| 2019 年 5 月 2 日 | 木曜日 | 国民の祝日に関する法律 3 条 3 項による休日 |
| 2019 年 5 月 3 日 | 金曜日 | 憲法記念日（国民の祝日に関する法律 2 条の国民の祝日であり、国民の祝日に関する法律 3 条 1 項による休日） |
| 2019 年 5 月 4 日 | 土曜日 | みどりの日（国民の祝日に関する法律 2 条の国民の祝日であり、国民の祝日に関する法律 3 条 1 項による休日） |
| 2019 年 5 月 5 日 | 日曜日 | こどもの日（国民の祝日に関する法律 2 条の国民の祝日であり、国民の祝日に関する法律 3 条 1 項による休日） |
| 2019 年 5 月 6 日 | 月曜日 | 国民の祝日に関する法律 3 条 2 項による休日 |

※内閣府ウェブサイト「『国民の祝日』について」、時事通信ウェブサイト「『10 連休』法が成立＝新天皇即位日を『祝日』に」を参考にして、筆者が表⓫を作成した。
※国民の祝日に関する法律 3 条 1 項は「『国民の祝日』は、休日とする」と規定している。
※国民の祝日に関する法律 3 条 2 項は「『国民の祝日』が日曜日に当たるときは、その日後においてその日に最も近い『国民の祝日』でない日を休日とする」と規定している。
※国民の祝日に関する法律 3 条 3 項は「その前日及び翌日が『国民の祝日』である日（『国民の祝日』でない日に限る。）は、休日とする」と規定している。

## (3) 10連休の影響と「改元特需」「即位特需」

　なお、平成31年2月12日、時事通信は、その10連休に関して、次の報道をした。「10連休となる今年のゴールデンウイーク（GW）をにらみ、大手旅行会社に海外旅行の予約が殺到している。『1月下旬時点の予約数は昨年の2.5倍』（JTB）という盛況ぶりで、完売するツアーが続出。急きょチャーター便を確保して追加ツアーを組むなど、旅行業界は『改元特需』に沸いている。旅行大手のエイチ・アイ・エス（HIS）では、GW中の海外旅行に1月中旬時点で昨年の3倍を超える予約が入った。例年のGW商戦は年明けから動き始めるが、今回は『昨年11月半ばに人気の渡航先がほぼ完売した』（広報室）。平日を挟まないため予定を立てやすく、早々に日程を決める動きが広がったようだ[95]」。

　天皇の即位の日及び即位礼正殿の儀の行われる日を休日とする法律や同法の案（天皇の即位の日及び即位礼正殿の儀の行われる日を休日とする法律案）をふまえると、時事通信のその報道のような状況を漢字4文字で「○○特需」というなら、「改元特需」より「即位特需」の方が適切な気もするが、とにかく、旅行業界に関して、そういう報道がされていた。

　また、その10連休に関しては、国民生活への影響に対する懸念が生じている。そういう懸念を背景とし、平成30年11月30日の第197回国会衆議院内閣委員会と同年12月6日の第197回国会参議院内閣委員会で、天皇の即位の日及び即位礼正殿の儀の行われる日を休日とする法律案に対して、附帯決議が付された（天皇の即位の日及び即位礼正殿の儀の行われる日を休日とする法律案に対する附帯決議）。また、政府は、「即位日等休日法（著者注：天皇の即位の日及び即位礼正殿の儀の行われる日を休日とする法律）の円滑な施行に関する関係省庁等連絡会議」を開催した。そして、「即位日等休日法の施行に伴う大型連休への対応について（平成31年2月25日即位日等休日法の円滑な施行に関する関係省庁等連絡会議）」が公表された。それには、例えば、次の内容がある。「小売業においては、これまでの大型連休や年末年始において、従業員の確保や需要増を見越した在庫確保等の対応を実施。今回の10連休においても、各事業者において同様の対応が行われるものと想定しているが、関係団体と認識の共有と課題の洗い出しのため意

見交換予定」「従来、年始以外は、祝日であっても市区町村の判断でごみ収集を行う等の対応がなされているところ、10 連休においても、適切な対応がとられるよう、市区町村における対応状況の把握及び周知を行っている」[96]。

## 14　改元と死刑執行

### (1)　オウム真理教の事件に関する死刑執行

　オウム真理教の事件に関して、平成 30 年 7 月 6 日、7 人に死刑が執行され[97]、同年同月 26 日、6 人に死刑が執行された［同年同月 6 日に死刑が執行された 7 人の元死刑囚は、①麻原彰晃（本名・松本智津夫）元死刑囚、②早川紀代秀元死刑囚、③井上嘉浩元死刑囚、④新実智光元死刑囚、⑤土谷正実元死刑囚、⑥中川智正元死刑囚、⑦遠藤誠一元死刑囚。同年同月 26 日に死刑が執行された 6 人の元死刑囚は、⑧岡崎一明元死刑囚、⑨横山真人元死刑囚、⑩端本悟元死刑囚、⑪林泰男元死刑囚、⑫豊田亨元死刑囚、⑬広瀬健一元死刑囚］[98]。

### (2)　死刑執行・改元に関する報道

　その死刑執行と今回の改元に関する報道がされた。
　例えば、まず、平成 30 年 7 月 7 日、朝日新聞は、次の報道をした。「『オウム事件は、平成を象徴する事件。平成のうちに終わらせるべきだ』。ある法務省幹部は今年 1 月、最後まで裁判が続いていた高橋克也受刑者の上告が最高裁で棄却されたのを受け、こう語った。（中略）2019 年には天皇の退位で元号が変わり、新天皇の即位に伴う皇室の慶事が予定されている。20 年には東京五輪の開催も控える。刑の執行後は信徒による報復の可能性も想定されており、テロ対策が必要な重大行事に近接した時期にしたくない、との思惑もあった」[99]。
　また、平成 30 年 7 月 7 日、毎日新聞は、次の報道をした。「オウム真理教による一連の事件で死刑が確定した死刑囚 13 人のうち、教団元代表の松本智津夫死刑囚（63）ら 7 人の刑が執行された。（中略）関係者らを取材

すると、天皇陛下の退位に伴う来年5月の改元を控え、国が『時代の総括』を強く意識した執行だったという印象がのぞく。(中略)執行時期の見極めは『複雑な方程式を解くような難しさがあった』(法務省幹部)。最も重要な要素は『改元』だった。政府は昨年12月の皇室会議で天皇陛下が19年4月30日に退位され、翌5月1日に皇太子さまが新天皇に即位され、同日をもって新元号を施行する日程を固めた。ある政府関係者は『皇室会議以降、時計の針は動き始めた。平成に起きた最大の事件は平成のうちに区切りを付けるというのが命題となった』と明かす」[100]。

そして、平成30年7月27日、読売新聞は、次の報道をした。「法務省が執行時期の具体的な検討に入ったのは3月。東京拘置所に収容されていた死刑囚13人のうち、7人を他の拘置所に移送した時期と重なる。検討の結果、定めた執行の『タイムリミット』は来年5月の改元だった。未曽有の被害をもたらしたオウム事件は、平成元年(1989年)から始まった。ある同省幹部は『平成の犯罪を象徴する事件は平成のうちに決着をつけるという強い意志が省内で共有されていた』と明かす」[101]。

それらの報道を見て、次のように思った人がいるかもしれない。「皇位継承・改元の時期が違っていたら(例えば、それらの時期が2022年だったら)、平成30年に、その13人の死刑が執行されなかった可能性があるのかな(皇位継承・改元の時期が違っていたら、平成31年に、その13人が生きていた可能性があるのかな)」「死刑に関しては、様々な考え方がある。そのため、死刑執行・皇位継承・改元に関するそういう報道をふまえ、後日、ある天皇が次のように考えて、退位を躊躇するかもしれない。『自分の退位によって、ある死刑囚の死刑執行時期が早まったら嫌だ』」。

## 15 新元号公表・改元の日程

### (1) 4月1日新元号公表、5月1日改元

平成31年になり、同年1月4日の年頭記者会見で、安倍晋三内閣総理大臣は、新元号公表・改元の日程に関して、次の発言をした。「(著者注:

本年の）5月1日には皇太子殿下が御即位され、改元が行われます。新しい元号は、これまで改元に当たって決定、公表されてきましたが、今回は国民生活への影響を最小限に抑える観点から、先立って4月1日に発表する考えです」「改元についてでありますが、改元は皇太子殿下が御即位される5月1日に行います。新たな元号については、国民生活への影響を最小限に抑える観点から、4月1日に元号を改める政令を閣議決定し、その公布は通常の政令制定の手続に従って行う考えであります」。

　安倍晋三内閣総理大臣のその発言のポイントとして、次の①②をあげることができる。①皇太子殿下が即位される2019年5月1日に改元を行うということ、②国民生活への影響を最小限に抑える観点から、改元に先立って、2019年4月1日に新元号を公表するということ。

　ここで、①②に関して、補足しておく。

　1点目。改元が行われる2019年5月1日（①）は、天皇の即位の日（皇太子殿下が即位される日）であり、国民こぞって祝意を表するため、休日とされている（天皇の即位の日及び即位礼正殿の儀の行われる日を休日とする法律本則）。そして、土曜日・日曜日を含めると、2019年4月27日から同年5月6日までの10連休となる（表⓫参照）。先程述べたとおりだ。2019年5月1日に改元を行うということは、その10連休中に改元を行うということだ。様々な改元の迎え方があるだろう。平成31年2月19日、岐阜新聞は、次の報道をした。「平成から新元号に変わる節目を祝おうと4月30日夜から5月1日未明にかけ、（著者注：岐阜県）郡上市八幡町市街地で郡上おどり（国重要無形民俗文化財）の『徹夜おどり』が行われることが決まった。郡上八幡産業振興公社や郡上八幡観光協会など関係団体でつくる『新元号／徹夜で祝う郡上おどり実行委員会』が18日、発表した」。

　2点目。改元に先立って2019年4月1日に新元号を公表するのは、「国民生活への影響を最小限に抑える観点から」ということだ（②）。そのことに関してだが、先程示したとおり、天皇の退位等に関する皇室典範特例法案に対する附帯決議の三は、次のとおりだ。「政府は、本法施行に伴い元号を改める場合においては、改元に伴って国民生活に支障が生ずることがないようにするとともに、本法施行に関連するその他の各般の措置の実

施に当たっては、広く国民の理解が得られるものとなるよう、万全の配慮を行うこと」。

　3点目。平成31年1月4日の年頭記者会見（以上で述べた年頭記者会見）の前、同年同月1日、NHKは、①②に関して、次の報道をしていた。「皇位継承に伴う新たな元号について、安倍総理大臣はことし4月1日に閣議決定し直ちに公表する方針を固めました。新元号を定める政令は、施行日を皇太子さまが即位される5月1日とし、天皇陛下の御名・御璽を得て速やかに公布され、5月1日午前0時をもって元号は改められます。（中略）改元をめぐっては、明治以降引き継がれてきた天皇一代に元号1つとする『一世一元制』を重視する立場などを踏まえ、保守層からは新天皇のもとで新たな元号を定めるべきだとして事前の公表に否定的な声も出ていました。安倍総理大臣が新元号を4月1日に決定する方針を固めた背景には、国民生活に影響が及ぶことを避けるため、税や社会保障などの行政システムの改修に万全を期す必要があるという判断があったものとみられます。一方で、新元号を定める政令の施行日を皇太子さまが即位する5月1日とすることで、『一世一元制』など伝統を重視する姿勢を示すねらいもあったものと見られます。安倍総理大臣は年頭にあたって今月4日に記者会見を行うことにしていて、こうした方針を表明することにしています」。NHKのその報道には、次の内容がある。「5月1日午前0時をもって元号は改められます」。2019年5月1日午前0時をもって元号が改められるということは、平成が2019年（平成31年）4月30日までということだ。なお、平成30年12月16日、共同通信は、次の報道をしていた。「新元号の公表時期を巡り、仮に、皇太子さまが来年5月1日の新天皇即位後に改元の政令を公布された場合、1日中の施行は困難で、改元は翌2日にずれ込むとの見解を政府がまとめたことが分かった。即位後の公布を主張する自民党保守派にこの見解を伝えた。（中略）新天皇即位後の公布では来年5月1日の即位と同時に改元ができず、国民生活にも影響を与えることを明確にし、保守派の理解を求める狙いがあるとみられる」。

　4点目。①②を見るとわかるように、改元1か月前の2019年4月1日に、新元号が公表される。先程示したように、「（政府は、2019年1月1日に

皇太子さまが新天皇に即位し、同時に元号を改める検討に入った。）新元号は改元の半年以上前に公表する方向だ」という報道がされたこともあったが、結局、新元号は改元1か月前に公表されることになった。そのことに関してだが、まず、安倍晋三内閣総理大臣『衆議院議員大西健介君提出新元号の公表時期に関する質問に対する答弁書（平成30年11月9日）』には、次の内容がある。「平成三十年五月十七日に開催した『新元号への円滑な移行に向けた関係省庁連絡会議』においては、情報システムの改修等を円滑に進めるための作業上の便宜として、新たな元号の公表時期を改元の一か月前と想定し、所要の準備を進めることとしたところであり、新たな元号の公表時期については、国民生活への影響等も考慮しつつ、現在、適切に検討を進めているところである」。また、平成30年12月5日、第197回国会衆議院経済産業委員会で、成田達治経済産業省大臣官房審議官は、次の答弁をした。「新元号への移行に伴う情報システムの改修作業につきましては、（中略）政府におきましては、五月十七日に、新元号への円滑な移行に向けた関係省庁連絡会議を開催いたしております。そこでは、（中略）政府全体の方針として、情報システム改修等を円滑に進めるための作業上の便宜として、新元号の公表時期を改元の一カ月前と想定し、準備を進めることといたしております。こうした方針を受けまして、経済産業省といたしましては、ちょうど、前回委員から御指摘いただいた以降、所管業界の約七百五十の団体それぞれに対しまして、情報提供を行うとともに適切な対応を要請してきているところであります」。この段落で示した答弁書・答弁をふまえると、改元1か月前に新元号が公表されるのは、想定内のことだった。なお、この段落で、経済産業省の成田達治経済産業省大臣官房審議官の答弁を示した。その経済産業省は、改元に伴う情報システム改修に関して全国説明会を実施したり、情報システムの改元対応におけるポイント等を内容とする資料を公表したりしていた。

　5点目。1つ前の段落で述べたように、改元1か月前の2019年4月1日に、新元号が公表される（①②）。平成31年1月22日の産経新聞の報道によると、同年同月の同社・FNN世論調査では、そのことに関して、次の質問がされた。「皇位継承に伴う新しい元号について、安倍首相が改元

1カ月前の4月1日に公表する方針を表明したことに賛成か」。そして、その質問に対する回答は、「賛成」73.4%、「反対」17.1%、「他」9.5%だった[110]。

6点目。以上で述べたように、新元号が公表されるのは2019年4月1日（②）、天皇陛下が退位されるのは同年4月30日、皇太子殿下が即位されるのは同年5月1日だ（①）。皇位継承前に新元号を公表するのは、憲政史上初めてだ[111]。

## (2) 安倍晋三内閣総理大臣の施政方針演説と「平成」という文言

なお、平成31年1月4日の年頭記者会見で、新元号公表・改元の日程に関して、以上で示した発言をした安倍晋三内閣総理大臣は、同年同月28日、第198回国会における施政方針演説（今回の施政方針演説）で、「平成」という文言を15回、「平成最後の」という表現を1回、「平成の、その先の時代に向かって」という表現を7回、使用した[112]。改元を意識した施政方針演説だったといえる。

平成31年1月28日、時事通信は、安倍晋三内閣総理大臣のその施政方針演説に関して、次の報道をした。「安倍晋三首相は28日の施政方針演説で、平成最後となることを強調し、『平成の、その先の時代に向かって』との表現を7回繰り返した。『平成』は合計15回使用。首相周辺は『平成の30年間を振り返るとともに、新しい時代に向けたメッセージを込めた』と解説した[113]」。

ちなみに、安倍晋三内閣総理大臣は、平成30年1月22日、第196回国会における施政方針演説（前回の施政方針演説）で、「平成」という文言を1回使用し[114]、平成29年1月20日、第193回国会における施政方針演説（前々回の施政方針演説）で、「平成」という文言を使用しなかった[115]。そのことをふまえると、2つ前の段落で述べた第198回国会における施政方針演説（今回の施政方針演説）の特別さが、よくわかるだろう。

また、第198回国会で、改元を意識して発言をしたのは、安倍晋三内閣総理大臣だけではない。例えば、平成31年2月4日、第198回国会衆議院予算委員会で、長妻昭衆議院議員は、次の発言をした。「ことしは元号

が変わり、新しい時代を迎えます。私たち立憲民主党は、新しい時代にふさわしい価値を大きく掲げて、来るべき国民の判断、審判を仰いでいきたいと思っております」。

## (3) 考案者・留意事項

　また、先程述べたように、平成31年1月4日、年頭記者会見で、安倍晋三内閣総理大臣は、次の発言もした、元号の選定に関する発言だ。「具体的にどのような過程を経て元号を選定するかについては、平成改元時の手続を踏まえつつ決めていきたいと考えています」。

　その後、同年2月8日、閣議で、菅義偉内閣官房長官は、元号の選定に関して、次の発言をした。「天皇陛下が本年4月30日に御退位され、皇太子殿下が翌5月1日に御即位されます。皇位の継承に伴い、政府においては、元号法の規定に基づき、平成にかわる新たな元号の選定を行うこととなります。本日、私を議長とする『元号選定手続検討会議』[116]を持ち回りで開催し、新たな元号を定めるにあたっては、平成改元時の手続を踏襲することを確認し、現行の『元号選定手続について』に基づき行うこといたしました。[117]新たな元号の選定手続の内容は別紙の通りです。まず、内閣総理大臣が、高い識見を有する方々に新しい元号とするのにふさわしい候補名の考案を委嘱し、内閣官房長官が、考案者から提出された候補名について、国民の理想としてふさわしいようなよい意味を持つものであること、書きやすく読みやすいことなどの事項に留意して、検討・整理いたします。次に、内閣総理大臣の指示により、内閣官房長官が、新元号の原案として数個の案を選定した上で、その原案について『元号に関する懇談会』と、衆議院及び参議院の議長及び副議長の御意見を伺います。そして、全閣僚会議において新元号の原案について協議の上、閣議において元号を改める政令を決定いたします。元号を改める政令は、国民生活への影響を最小限に抑える観点から、4月1日に決定、公布することといたします。新たな元号が広く国民に受け入れられ、日本人の生活の中に深く根ざしていくものとなるようにしていきたいと考えています。政府としてその準備に万全を期してまいりたいと考えますので、閣僚の皆様の御協力をよろしく

お願いいたします」[118]。

　菅義偉内閣官房長官のその発言を見るとわかるように、新元号を選定するにあたっては、平成改元時の手続を踏襲することとされた。平成改元時の手続に関しては、先程述べた［「元号選定手続について（昭和54年10月23日閣議報告）（昭和59年6月29日一部改正〔7月1日施行〕）（昭和64年1月7日一部改正）」として先程示した手続で、今回、新元号が選定された][119]。

　そして、例えば、先程述べたように、内閣総理大臣は、高い識見を有する者を選び、これらの者に候補名（次の元号とするのにふさわしい候補名）の考案を委嘱する。候補名の考案を委嘱される者（考案者）の数は、若干名とする。そして、内閣総理大臣は、各考案者に対し、おおよそ2ないし5の候補名の提出を求めるものとする。

　平成31年3月24日、NHKは、そのことに関して、次の報道をした。「菅官房長官は、訪問先の那覇市で、記者団に対し、『元号の考案者には、3月14日、正式に委嘱した』と述べ、今月14日（著者注：平成31年3月14日）に複数の有識者に対し、新元号の考案を正式に委嘱したことを明らかにしました」[120]。

　また、平成31年3月25日、記者会見で、菅義偉内閣官房長官は、そのことに関して、次の趣旨の発言をした。「平成31年3月14日という委嘱の日付について、特段の意味合いはない。事務的にその日付になった」「国文学、漢文学、日本史学、東洋史学の学識を有する方の中から委嘱した。具体的に、どの分野の専門家に委嘱したかについて、答えることは差し控えたい」「何人に委嘱したか、1人あたり何案の提出を求めたか（各考案者に、いくつの候補名の提出を求めたか）についても、答えることは差し控えたい」「平成31年4月1日に新元号が公表された後も、考案者の公表は差し控える」[121]。

　そしてまた、例えば、先程述べたように、内閣官房長官は、候補名の検討及び整理に当たっては、次の事項に留意するものとする、「国民の理想としてふさわしいようなよい意味を持つものであること」「漢字2字であること」「書きやすいこと」「読みやすいこと」「これまでに元号又はおくり名として用いられたものでないこと」「俗用されているものでないこ

と」。

　平成31年3月29日、朝日新聞は、そのことに関して、次の報道をした。「平成に代わる新しい元号について、政府は民間の元号予想ランキングで上位となっている案をなるべく避ける方針だ。（中略）民間で流行している元号予想で取り沙汰されている『安久』などの案について、政府関係者は『俗用の一種に当たるので、なるべく避ける』と語る」[122]。

## 16　元号選定手続と候補名公募

　以上で述べたように、元号選定手続においては、内閣総理大臣が、高い識見を有する者を選び、これらの者に候補名（次の元号とするのにふさわしい候補名）の考案を委嘱する、そして、考案者（候補名の考案を委嘱される者）が、候補名を提出する。

　候補名を提出するのは、考案者だ。

　ただ、以上で述べたように、今回の改元に関して、新元号（次の元号）が公表されるのは平成31年4月1日だ、そして、天皇の退位等に関する皇室典範特例法が成立したのは平成29年6月9日、天皇の退位等に関する皇室典範特例法の施行期日を定める政令が閣議決定されたのは平成29年12月8日だ。つまり、天皇の退位等に関する皇室典範特例法の成立から新元号の公表までには約22か月間、天皇の退位等に関する皇室典範特例法の施行期日を定める政令の閣議決定から新元号の公表までには約16か月間もあった。

　そのことをふまえて、次のように考える人がいるかもしれない。「今回の改元に関して、候補名を公募すべきだった（国民一般に、候補名提出の機会を与えるべきだった）。それをするための時間は十分にあった」。

　そのような考え方に関しては、次のような疑問が生じる。「今後、天皇崩御を原因とする皇位継承に伴う改元と、天皇退位を原因とする皇位継承に伴う改元が、行われる可能性があるわけだが、今後の改元に関しては、候補名を公募するのか。候補名を公募する場合、候補名公募時期をどうす

るのか。例えば、①天皇Aが即位した後、速やかに、天皇Aの崩御・退位に備え、候補名を公募するのだろうか(『天皇Aは即位されたばかりですが、将来、天皇Aの崩御・退位を原因とする皇位継承に伴い、改元が行われます。その場合、新元号は何が良いと思いますか。候補名を公募します』)。また、例えば、②㋐天皇Aが崩御した場合は、天皇Aが崩御した後、速やかに、候補名を公募し(『天皇Aが崩御されました。天皇Aの崩御を原因とする皇位継承に伴い、改元が行われます。新元号は何が良いと思いますか。候補名を公募します』)、㋑天皇Aが退位する場合は、天皇Aの退位を実現する法律が成立した後、速やかに、候補名を公募するのだろうか(『天皇Aが退位されます。天皇Aの退位を原因とする皇位継承に伴い、改元が行われます。新元号は何が良いと思いますか。候補名を公募します』)。ただ、候補名公募期間が必要なので、㋐の場合、天皇A崩御・新天皇B即位の後、1日・2日で改元するのは困難だ。具体的にいうと、昭和天皇崩御・天皇陛下即位は1989年1月7日、元号が平成になったのは1989年1月8日だったが、昭和天皇崩御後に候補名を公募していたら、1989年1月8日から新元号にするのは困難だった。昭和天皇崩御後に1か月間の候補名公募期間を設けていたら、1989年1月中に新元号にすることはできなかった」。

なお、昭和54年4月11日、第87回国会衆議院内閣委員会で、三原朝雄総理府総務長官(当時)は、候補名の公募に関して、次の答弁をした。「いま御指摘の元号の候補名を公募するような、国民全体からくみ上げるような方法はどうかという御指摘でございます。私どもも、公募ということもその手続の検討を進めます段階で考えてまいりました。しかし、それは非常な、事務的な時間的な問題もございますし、法の趣旨ができるだけ速やかに決めたいという趣旨を持っておりますような関係上公募はなじまない、しかし、広く国民の方々に御意見を聞く一つの考え方は持つべきであろうということで、学識経験者としておりますが、ただ専門的な学者先生だけにお尋ねをする、考案をしてもらうということだけでなくして、やはり広く文化人の方々、それから評論家の方々等、学識のある、良識のある方々にある程度の人員、これは若干名ときのうは申し上げておったのでございますが、それらの方々に候補名を選定をしていただく、その策定を

していただく、そういうことでおるわけでございまして、いま申されました、公募的な、そういう一つの趣旨、精神を踏まえていま申し上げましたような学識経験者、良識者の人選をいたしたい、そういうことで考えておるところでございますが、あくまでもいまのところでは最終的な段階になっておりませんので、そうした腹案のもとに進めてまいっておるということでございます」［三原朝雄総理府総務長官（当時）のその答弁の直前、栂野泰二衆議院議員（当時）は、次の発言をしていた（昭和54年4月11日、第87回国会衆議院内閣委員会における発言だ）。「三原長官はきのう新元号の制定の手順をお話しになりました。まず学識経験者に元号の候補名の案を作成させるところから総理の決定までお話しになりましたが、こういう手順こそまさしく政令で定められたらいかがなんですか。またこの元号法というのは、国民の大部分が元号存続を望んでいるということが前提になっているということをさっきから再三おっしゃっておりますが、そういう新しい元号ができたら、これを使用するのはもちろん国民ですよ。一体その国民の意見がどこでどう入れられるのか。きのうのお話を聞いた手順の中では、国民の意見を聞くというふうなことは全くないですね。ですから、そういう国民の元号に関する意見の聴取をどうするのか、その手順、そういうものこそむしろ政令に盛り込まれるべきじゃないのか、私はこう思いますが、いかがでしょう」］。

## 17　元号と商標法・商標審査基準

　ところで、商標登録の要件に関して、商標法（昭和34年法律第127号）3条1項柱書は「自己の業務に係る商品又は役務について使用をする商標については、次に掲げる商標を除き、商標登録を受けることができる」と規定し、同法3条1項6号は「前各号に掲げるもののほか、需要者が何人かの業務に係る商品又は役務であることを認識することができない商標」と規定している。

　要するに、「前各号に掲げるもののほか、需要者が何人かの業務に係る商品又は役務であることを認識することができない商標」は登録を受ける

ことができない[123]（同法3条1項柱書、同法3条1項6号）。
　そして、特許庁「商標審査基準」は、審査における商標法の統一的な解釈運用を図るため、同庁が策定しているものであり、実務上重要な意義を有しているのだが、平成31年1月30日に改訂が行われた[124]。その改訂前のものが、特許庁「商標審査基準〔改定第13版〕」（平成29年）であり、その改訂後のものが、特許庁「商標審査基準〔改定第14版〕」（平成31年）だ。それらには、同法3条1項6号に関して、以下の内容がある。

**特許庁「商標審査基準〔改定第13版〕」（平成29年）**
　4．現元号を表示する商標について
　　商標が、現元号として認識される場合（「平成」、「HEISEI」等）は、本号に該当すると判断する[125]。

**特許庁「商標審査基準〔改定第14版〕」（平成31年）**
　4．元号を表示する商標について
　　商標が、元号として認識されるにすぎない場合は、本号に該当すると判断する。
　　元号として認識されるにすぎない場合の判断にあたっては、例えば、当該元号が会社の創立時期、商品の製造時期、役務の提供の時期を表示するものとして一般的に用いられていることを考慮する[126]。

　以上で、特許庁「商標審査基準〔改定第13版〕」（平成29年）の「4．現元号を表示する商標について」と特許庁「商標審査基準〔改定第14版〕」（平成31年）の「4．元号を表示する商標について」を示した。以上で述べたことに表れているように、平成31年1月30日、元号に関する商標について、特許庁「商標審査基準」の改訂が行われた。
　平成31年1月30日、NHKは、その改定に関して、次の報道をした。「特許庁によりますと、商標登録の審査基準では、これまで今の元号を表す『現元号』が登録できないと表記されていました。一方、ことし5月1日に行われる『改元』では、新しい元号が4月1日に発表される予定で

す。これについて特許庁に対しては、新しい元号の発表から改元までの間に商標登録ができるのかとか、改元のあと『平成』が使えるのかといった問い合わせが寄せられているということです。このため特許庁は、30日付けで審査基準を改め、『現元号』という表記を『元号』としました。特許庁は、これまでも『平成』だけでなく過去の元号についても登録を認めてきませんでしたが[127]、表記を改めることで『平成』や新しい元号が使用できないことを明確にしました。一方、過去の元号に加えて『平成』や新しい元号が使われていても、すでに広く浸透している場合などには引き続き例外として登録を認める方針です」[128]。

## 18　平成31年3月29日の内閣官房長官記者会見・総務大臣記者会見

### (1) 新元号選定のスケジュール

　新元号の決定・公表を3日後に控えた平成31年3月29日、記者会見で、菅義偉内閣官房長官は、新元号選定のスケジュールに関して、次の発言をした。「来週4月1日に、平成にかわる新たな元号を選定し、元号を改める政令を決定、公布をいたします。本日、私（官房長官）を議長とする元号選定手続検討会議を開催し、新元号選定のスケジュール等について確認いたしました。元号に関する懇談会については、9時30分から官邸4階特別応接室において、概ね40分程度開催する予定であります。衆議院及び参議院の議長及び副議長（著者注：大島理森衆議院議長・伊達忠一参議院議長・赤松広隆衆議院副議長・郡司彰参議院副議長）への御意見伺いについては、10時20分頃から、衆議院議長公邸において行います。引き続き、官邸4階閣僚応接室において全閣僚会議を行った上、閣議において元号を改める政令を決定いたします。その後、11時30分頃から、私（官房長官）の記者会見を行います。さらに、12時頃から、内閣総理大臣記者会見を行います」[129]。

　菅義偉内閣官房長官のその発言によると、（平成31年4月1日）11時30

分頃から菅義偉内閣官房長官が記者会見を行い、12時頃から安倍晋三内閣総理大臣が記者会見を行う。

平成31年3月29日、記者会見で、菅義偉内閣官房長官は、(平成31年4月1日の)それらの記者会見に関して、次の趣旨の発言をした。「閣議の内容は、通常、内閣官房長官が公表している。そのことから、閣議決定された新元号については、私が公表する予定だ。引き続き、安倍晋三内閣総理大臣が記者会見を行い、新元号に込められた意義や国民へのメッセージについて、国民に直接伝える予定だ」「新元号について、内閣総理大臣談話を発表するわけだから、そこは、内閣総理大臣が、直接、国民に伝えるのが自然なのではないか」「内閣総理大臣自身が、直接、新元号を国民に語りかける、趣旨について説明するというのは、極めて大事なことではないか」[130]。

### (2) 元号に関する懇談会のメンバー

また、先程述べたように、新元号を選定するにあたっては、元号に関する懇談会が開催される。

平成31年3月29日、記者会見で、記者が、元号に関する懇談会のメンバーに関して、次の趣旨の質問をした。「今日の元号選定手続検討会議で、有識者懇談会のメンバーというのは、決定されたということになるのか」。

その質問に対して、菅義偉内閣官房長官は、次の趣旨の発言をした。「有識者会議のメンバーについては確認をしたが、事柄の性質上、メンバーの皆様に迷惑がかかることになるので、平成31年4月1日の朝に公表したい」[131]。

### (3) 新元号の原案の選定

そしてまた、先程述べたように、元号選定手続においては、(内閣総理大臣の指示により、)内閣官房長官は、内閣法制局長官の意見を聴いて、新元号の原案として数個の案を選定する。今回の改元に関して、具体的にいうと、菅義偉内閣官房長官は、横畠裕介内閣法制局長官の意見を聴いて、新元号の原案として数個の案を選定する。

平成31年3月29日の記者会見では、記者から、1つ前の段落で述べたことに関して、次の趣旨の質問があった、平成31年4月1日午前の一番早い段階でそれを行うのか、すでにそれを行ったのか、平成31年4月1日午前の前にそれを行うのか。ただ、菅義偉内閣官房長官は、○月○日にそれを行った、○月○日にそれを行う、といった明確な回答をしなかった。

　また、その記者会見では、記者から、次の趣旨の質問もあった、新元号の原案は何個くらいがふさわしいと、菅義偉内閣官房長官は考えているのか。ただ、菅義偉内閣官房長官は、回答を差し控えるとした。[132]

　新元号の原案の選定に関しては、菅義偉内閣官房長官のガードが固かった、といえる。

## (4) 改元に伴う情報システムの改修等

　なお、平成31年3月29日、記者会見で、石田真敏総務大臣は、改元に伴う情報システムの改修等に関して、次の発言をした。「総務省としては、これまで、地方公共団体に対して、情報システムについて、改元日に間に合うよう改修作業を終了することを基本とすること。また、改元日以降に引き続き、証明書等に旧元号が表記される場合であっても、国民生活に支障が生じることがないような措置を講じることなどとする政府の方針を参考に、改元に伴う情報システムの改修等に適切に対応するよう要請してきたところでございます。地方公共団体の対応状況について、総務省が確認したところ、全ての地方公共団体において、政府の方針を踏まえて、適切に対応がなされる見込みであると聞いております。総務省としては、引き続き政府の対応方針を情報提供する等、適切に対応してまいりたいと思っております」。[133]

　石田真敏総務大臣のその発言を聞いて、ひとまず安心したという人は、少なくなかっただろう。

## 19　首相官邸 Twitter・Facebook・YouTube・Instagram と新元号公表ライブ配信

　平成31年3月29日、首相官邸 Twitter（twitter.com/kantei）で、新元号公表に関して、次のお知らせがされた。「【お知らせ】4月1日11時30分頃より菅官房長官による新元号公表を、12時頃より安倍総理大臣による総理談話を、本アカウントの他、首相官邸 Facebook（facebook.com/sourikantei）、YouTube 首相官邸チャンネル（youtube.com/user/kanteijp）でライブ配信をする予定です。ぜひご覧ください」「首相官邸 Instagram（著者注：instagram.com/kantei）は別アングルで配信予定」[134]。
　Instagram 等の SNS（Social Networking Service）を活用して、新元号を周知するのは、時代に合っており、良いことだろう（ちなみに、平成31年4月1日、筆者は、Instagram で新元号公表の瞬間を見ていた）。
　ところで、SNS といえば、近年、フェイクニュース[135]が注目されている。
　新元号に対する社会的関心の高さをふまえると、それに関して、フェイクニュースが流布されるのは、容易に想像できた。
　新元号が公表される4月1日がエイプリルフールであることをふまえると、尚更だ。
　そのため、新元号に関するフェイクニュースを原因として、平成31年4月1日に、混乱が生じるおそれがある、という意見があった[136]。

## 20　新元号「令和」と『万葉集』

### (1) 平成31年4月1日の動き

　平成31年4月2日、朝日新聞は、新元号が決定・公表された同年同月1日の動きに関して、次の報道をした。「元号の選定手続きは1日午前9時ごろから始まり、菅氏（著者注：菅義偉内閣官房長官）は横畠裕介・内閣法制局長官の意見を聴いたうえで、元号の原案として6案を選定。有識者[137]9人による『元号に関する懇談会』、大島理森衆院議長ら衆参両院の正副

議長、全閣僚会議で意見を聴いた。元号を『令和』に改める政令を臨時閣議で決めたうえで、午前 11 時 41 分に菅氏が発表した[138]」。

元号選定手続に関して、先程述べたことをふまえると、朝日新聞のその報道を理解しやすいだろう。

なお、平成 31 年 4 月 1 日、NHK は、次の報道をした。「安倍総理大臣は、NHK のニュースウオッチ 9 で、新元号『令和』の選定の経過などを記した行政文書の公開の時期について、『基本的に 30 年ということで検討していくのだろうと思う』と述べ、30 年程度は公開を控える必要があるという考えを示しました[139]」。

以上で述べたことをふまえ、以下、平成 31 年 4 月 1 日の動きに関して、具体的に述べる。

## (2) 元号に関する懇談会の開催とメンバー

平成 31 年 4 月 1 日、元号に関する懇談会が開催された。

元号に関する懇談会のメンバーは、次の 9 人だ。①上田良一（日本放送協会会長）、②大久保好男（一般社団法人日本民間放送連盟会長）、③鎌田薫（日本私立大学団体連合会会長）、④榊原定征（一般社団法人日本経済団体連合会名誉会長）、⑤白石興二郎（一般社団法人日本新聞協会会長）、⑥寺田逸郎（前最高裁判所長官）、⑦林真理子（作家）、⑧宮崎緑（千葉商科大学国際教養学部長）、⑨山中伸弥（京都大学 iPS 細胞研究所所長）[140]。女性は⑦⑧の 2 人だ。

なお、昭和から平成への改元の際も、元号に関する懇談会が開催された、開催日は昭和 64 年 1 月 7 日。そして、その際、元号に関する懇談会のメンバーは 8 人であり、そのうち、女性は 1 人だけだった。

今回と前回の元号に関する懇談会のメンバーを比較すると、今回は前回より、総数が 1 人多く（8 人→9 人）、女性も 1 人多い（1 人→2 人）[141]。

ただ、今回は前回より女性が 1 人多いといっても、今回、女性はわずか 2 人であり、元号に関する懇談会のメンバーに占める女性の割合は 50.0% を大きく下回る約 22.2% だった。次回の元号に関する懇談会では、その割合はどうなるのだろうか。次回の元号に関する懇談会が開催されるとき、女性の社会進出は、今よりも、進んでいるだろう。そのため、その割合が

50.0%程度になるかもしれない。

### (3) 新元号「令和(れいわ)」と元号を改める政令・元号の読み方に関する内閣告示

　元号に関する懇談会が終了した後、先程示した手続を経て、菅義偉内閣官房長官が記者会見を行った。[142]

　平成31年4月1日のその記者会見で、菅義偉内閣官房長官は、次の発言をした。「先ほど、閣議で元号を改める政令及び元号の読み方に関する内閣告示が閣議決定をされました。新しい元号は『令和』であります。この新元号については、本日、元号に関する懇談会と衆議院及び参議院の議長及び副議長の御意見を伺い、全閣僚において協議の上、閣議において決定したものであります。新元号の典拠について申し上げます。『令和』は万葉集の梅の花の歌、三十二首の序文にある、『初春の令月にして　気淑(きよ)く風和(やわら)ぎ　梅は鏡前の粉を披(ひら)き　蘭(らん)は珮後(はいご)の香を薫(かおら)す』から引用したものであります。この新元号に込められた意義や国民の皆さんへのメッセージについては、この後、安倍総理の会見があります」。[143]

　菅義偉内閣官房長官のその発言を見るとわかるように、新元号は「令和」だ。

　そして、「令和」の読み方は「れいわ」だ[元号の読み方に関する内閣告示(平成31年内閣告示第1号)]。

　また、菅義偉内閣官房長官のその発言は、元号を改める政令に言及している。そこで、以下、同政令を示す[同政令は平成31年4月1日、公布された(平成31年政令第143号)]。

**元号を改める政令(平成31年政令第143号)**
　　内閣は、元号法(昭和五十四年法律第四十三号)第一項の規定に基づき、この政令を制定する。
　　元号を令和に改める。
　　　附　則

この政令は、天皇の退位等に関する皇室典範特例法（平成二十九年法律第六十三号）の施行の日（平成三十一年四月三十日）の翌日から施行する。

　元号を改める政令（平成31年政令第143号）を見るとわかるように、同政令は、元号を令和に改める、としている（同政令本則）。また、同政令は、天皇の退位等に関する皇室典範特例法の施行の日〔平成31年（2019年）4月30日〕の翌日（2019年5月1日）から施行される（同政令附則）。
　そのため、2019年5月1日から元号は令和となる。
　平成は2019年（平成31年）4月30日までだ（表⓬参照）。
　その結果、例えば、先程述べた皇太子殿下の即位に伴う、剣璽等承継の儀や即位礼正殿の儀は令和元年に行われ、立皇嗣宣明の儀は令和2年に行われることになる（表⓭参照）。また、平成の天皇陛下・皇后陛下は、令和の上皇陛下・上皇后陛下となられる。

**表⓬西暦和暦対応表**

| 1989年 | 昭和64年（1月1日～1月7日） |
|---|---|
|  | 平成元年（1月8日～12月31日） |
| 1990年 | 平成2年 |
| 1991年 | 平成3年 |
| 1992年 | 平成4年 |
| 1993年 | 平成5年 |
| 1994年 | 平成6年 |
| 1995年 | 平成7年 |
| 1996年 | 平成8年 |
| 1997年 | 平成9年 |
| 1998年 | 平成10年 |
| 1999年 | 平成11年 |
| 2000年 | 平成12年 |
| 2001年 | 平成13年 |
| 2002年 | 平成14年 |
| 2003年 | 平成15年 |
| 2004年 | 平成16年 |

| 西暦 | 和暦 |
|---|---|
| 2005 年 | 平成 17 年 |
| 2006 年 | 平成 18 年 |
| 2007 年 | 平成 19 年 |
| 2008 年 | 平成 20 年 |
| 2009 年 | 平成 21 年 |
| 2010 年 | 平成 22 年 |
| 2011 年 | 平成 23 年 |
| 2012 年 | 平成 24 年 |
| 2013 年 | 平成 25 年 |
| 2014 年 | 平成 26 年 |
| 2015 年 | 平成 27 年 |
| 2016 年 | 平成 28 年 |
| 2017 年 | 平成 29 年 |
| 2018 年 | 平成 30 年 |
| 2019 年 | 平成 31 年（1月1日〜4月30日） |
|  | 令和元年（5月1日〜12月31日） |
| 2020 年 | 令和 2 年 |
| 2021 年 | 令和 3 年 |

※昭和は 1989 年 1 月 7 日まで。
※平成は 1989 年 1 月 8 日から 2019 年 4 月 30 日まで。
※令和は 2019 年 5 月 1 日から。

**表❸国事行為である国の儀式として行われるもの（西暦・和暦）**

| 西暦 | 和暦 | 月日 | 名称 | 備考 |
|---|---|---|---|---|
| 2019 年 | 平成 31 年 | 4 月 30 日 | 退位礼正殿の儀 | 退位の礼 |
|  | 令和元年 | 5 月 1 日 | 剣璽等承継の儀 | 即位の礼 |
|  |  |  | 即位後朝見の儀 |  |
|  |  | 10 月 22 日 | 即位礼正殿の儀 |  |
|  |  |  | 祝賀御列の儀 |  |
|  |  | 10 月 22 日・25 日・29 日・31 日 | 饗宴の儀 |  |
| 2020 年 | 令和 2 年 | 4 月 19 日 | 立皇嗣宣明の儀 | 立皇嗣の礼 |
|  |  |  | 朝見の儀 |  |

※表❿に基づいて、筆者が表❸を作成した。

## (4) 新元号の考案者・原案

　なお、平成 31 年 4 月 1 日、記者会見で、菅義偉内閣官房長官は、新元号の考案者に関して、次の趣旨の発言をした。「新元号の考案者については、考案者自身が氏名の秘匿を希望していることに加え、考案者を明らかにすれば、新元号と特定の個人との結びつきが強調されることになりかねないため、答えは差し控えたい」[144]。

　菅義偉内閣官房長官のその発言に基づくと、菅義偉内閣官房長官が、新元号の考案者について、答えは差し控えたいとした理由は、次の①②だ。①考案者自身が氏名の秘匿を希望しているということ。②考案者を明らかにすれば、新元号と特定の個人との結びつきが強調されることになりかねないということ。

　ただ、平成 31 年 4 月 2 日、新元号の考案者に関して、「考案者は～だ」「考案者は～である可能性が高い」といった報道がされた。現時点（平成 31 年 4 月 2 日時点）で、「考案者は～だ」と断定する報道一色ではないし（「考案者は～である可能性が高い」といった報道もあるし）、何より、考案者自身が氏名の秘匿を希望しているということなので（①）、本書では、具体的な氏名をあげて「新元号の考案者として名前があがっているのは～だ」と記述するのは、やめておく。

　また、平成 31 年 4 月 1 日、記者会見で、菅義偉内閣官房長官は、新元号の原案に関して、次の趣旨の発言をした。「新元号が日本人の生活の中に深く根ざしていくためには、他の案と比較をして議論されることは適当でないと考えており、新元号として決定をされたもの以外の案については、その数も含めて、答えは差し控えたい」[145]。

　ただ、平成 31 年 4 月 2 日、FNN は、新元号の原案に関して、次の報道をした。「4 月 1 日『令和』に決まった新元号の選定作業で、政府が『英弘（えいこう）』『久化（きゅうか）』『広至（こうし）』『万和（ばんな）』『万保（ばんぽう）』の 5 案も候補にしていたことがわかった」[146]。

　「英弘（えいこう）」「久化（きゅうか）」「広至（こうし）」「万和（ばんな）」「万保（ばんぽう）」「令和（れいわ）」の 6 つが、新元号の原案だったということを、平成 31 年 4 月 2 日の時点で報道していたのは、FNN だけではな

い。NHK等も、そういう報道をしていた。

(5)「令和」に込められている意味と『万葉集』

　菅義偉内閣官房長官のその記者会見の後、安倍晋三内閣総理大臣が記者会見を行った。

　平成31年4月1日のその記者会見で、安倍晋三内閣総理大臣は、次の発言をした。「本日、元号を改める政令を閣議決定いたしました。新しい元号は『令和』(れいわ)であります。これは『万葉集』にある『初春の令月にして　気淑(よ)く風和(やわら)ぎ　梅は鏡前の粉(こ)を披(ひら)き　蘭(らん)は珮後(はいご)の香を薫(かお)す』との文言から引用したものであります。そして、この『令和』には、人々が美しく心を寄せ合う中で文化が生まれ育つという意味が込められております。『万葉集』は、1200年余り前に編さんされた日本最古の歌集であるとともに、天皇や皇族、貴族だけでなく、防人(さきもり)や農民まで、幅広い階層の人々が詠んだ歌が収められ、我が国の豊かな国民文化と長い伝統を象徴する国書であります。悠久の歴史と薫り高き文化、四季折々の美しい自然、こうした日本の国柄をしっかりと次の時代へと引き継いでいく。厳しい寒さの後に春の訪れを告げ、見事に咲き誇る梅の花のように、一人一人の日本人が明日への希望とともに、それぞれの花を大きく咲かせることができる、そうした日本でありたいとの願いを込め、『令和』に決定いたしました。文化を育み、自然の美しさをめでることができる平和な日々に心からの感謝の念を抱きながら、希望に満ちあふれた新しい時代を国民の皆様と共に切り開いていく。新元号の決定に当たり、その決意を新たにしております。5月1日に皇太子殿下が御即位され、その日以降、この新しい元号が用いられることとなりますが、国民各位の御理解と御協力を賜りますよう、お願いいたします。政府としても、ほぼ200年ぶりとなる歴史的な皇位の継承がつつがなく行われ、国民こぞって寿(ことほ)ぐことができるよう、その準備に万全を期してまいります。元号は、皇室の長い伝統と、国家の安泰と、国民の幸福への深い願いとともに、1400年近くに渡る我が国の歴史を紡いできました。日本人の心情に溶け込み、日本国民の

精神的な一体感を支えるものとなっています。この新しい元号も広く国民に受け入れられ、日本人の生活の中に深く根差していくことを心から願っています。私からは以上です」[147]。

　以下、安倍晋三内閣総理大臣のその発言に関して、述べる。

　1点目。先程示したように、「平成」の典拠は、『史記』『書経』だ［「改元に際しての内閣総理大臣談話（昭和64年1月7日）」］。『史記』『書経』は中国の古典だ。それに対し、安倍晋三内閣総理大臣のその発言によると、「令和」の典拠は、1200年余り前に編纂された日本最古の歌集『万葉集』だ。『万葉集』は国書だ。『万葉集』を知らない大人の日本人は、あまりいないだろう。平成31年4月1日、記者会見で、安倍晋三内閣総理大臣は、元号と『万葉集』に関して、次の発言をした。「我が国は、歴史の大きな転換点を迎えていますが、いかに時代が移ろうとも、日本には決して色あせることのない価値があると思います。今回はそうした思いの中で歴史上初めて国書を典拠とする元号を決定しました[148]。特に『万葉集』は、1200年余り前の歌集ですが、一般庶民も含め地位や身分に関係なく幅広い人々の歌が収められ、その内容も当時の人々の暮らしや息づかいが感じられ、正に我が国の豊かな国民文化を象徴する国書です。これは世界に誇るべきものであり、我が国の悠久の歴史、薫り高き文化、そして、四季折々の美しい自然、こうした日本の国柄はしっかりと次の時代にも引き継いでいくべきであると考えています」[149]。

　2点目。安倍晋三内閣総理大臣のその発言によると、「令和」は、『万葉集』の「初春の令月にして　気淑く風和ぎ　梅は鏡前の粉を披き　蘭は珮後の香を薫す」との文言から引用したものだ。「令和」の典拠に関して、より具体的にいうと、出典は、『万葉集』巻五、梅花の歌三十二首并せて序。ちなみに、万葉集は全20巻だ。また、引用文は、「初春令月、気淑風和、梅披鏡前之粉、蘭薫珮後之香」。その引用文を見るとわかるように、それには、「令」「和」が入っている。なお、中西進『萬葉集――全訳注原文付』（講談社、昭和59年）は、その部分を、次のように訳している。「新春の好き月、空気は美しく風はやわらかに、梅は美女の鏡の前に装う白粉のごとく白く咲き、蘭は身を飾った香の如きかおりをただよわせている」[150]

（今後は、「令和」から、そういう情景を思い浮かべる人がいるだろう）。中西進『萬葉集――全訳注原文付』（講談社、昭和59年）は、「令は嘉。よい」等、その部分に関して、詳しい説明をしている。

　3点目。先程述べたように、「平成」には「国の内外にも天地にも平和が達成される」という意味が込められている。それに対し、安倍晋三内閣総理大臣のその発言によると、「令和」には「人々が美しく心を寄せ合う中で文化が生まれ育つ」という意味が込められている。「人々が美しく心を寄せ合う中で文化が生まれ育つ時代に、令和がなれば良い」と、多くの人が思っているだろう。

　4点目。安倍晋三内閣総理大臣のその発言には、次の内容がある。「ほぼ200年ぶりとなる歴史的な皇位の継承」。その内容に関してだが、先程述べたように、天皇陛下の退位は、約200年ぶりの天皇の退位だ。ただ、今回の皇位の継承は、約200年ぶりの皇位の継承ではない。この約200年の間に、皇位の継承は複数回あった。例えば、先程述べたように、昭和64年1月7日、昭和天皇が崩御され、皇太子明仁親王殿下（天皇陛下）が皇位を継承された［皇位継承の内閣告示（昭和64年内閣告示第2号）参照］。そして、そういう皇位の継承も、歴史的な皇位の継承のはずだ。そのため、「ほぼ200年ぶりとなる歴史的な皇位の継承」という安倍晋三内閣総理大臣の発言を、不適切と思う人がいるだろう。

　5点目。現在、政府は、一億総活躍社会の実現に向けて、取り組んでいる。一億総活躍社会とは、例えば、若者も高齢者も、女性も男性も、障害や難病のある方々も、一度失敗を経験した人も、みんなが包摂され活躍できる社会だ。そのような状況の中、元号を改める政令が閣議決定された。同政令は、幅広い階層の人々が詠んだ歌が収められている『万葉集』を典拠とする「令和」に、元号を改めることを内容としている［元号を改める政令（平成31年政令第143号）本則参照］。そこに、政府の一貫性を感じる、という人がいるだろう。

　6点目。安倍晋三内閣総理大臣のその発言のとおり、新元号は、「令和」に決定された。平成31年4月1日、記者会見で、記者が、そのことに関して、次の質問をした。「新たな元号を選定するに当たりまして、これま

で複数の案を検討されてきたと思いますけれども、『令和』という元号に決めた、決定した最大の決め手は何だったのか、改めてお聞かせください」。その質問に対して、安倍晋三内閣総理大臣は、次の発言をした。「元号の選考につきましては、他の案が何かということも含めまして、検討過程について申し上げることは差し控えますが、我が国が誇る悠久の歴史、文化、伝統の上に、次の世代、次の時代を担う世代のために、未来に向かってどういう日本を築き上げていくのか。そして、その新しい時代への願いを示す上で、最もふさわしい元号は何かという点が一番の決め手でありました」[154]。

7点目。平成31年4月1日、記者会見で、安倍晋三内閣総理大臣は、次の発言もした。「新元号については、閣議決定を行った後に、宮内庁を通じて今上陛下及び皇太子殿下にお伝えいたしました」[155]。

### (6) 衆議院議長談話・参議院議長談話

新元号の公表を受け、平成31年4月1日、衆議院議長談話・参議院議長談話が出された(その衆議院議長談話を出したのは大島理森衆議院議長であり、その参議院議長談話を出したのは伊達忠一参議院議長だ)。

まず、平成31年4月1日の衆議院議長談話は、次のとおりだ。「このたび、平成の次の元号がつつがなく決まりましたことを、全国民の皆さんと喜びたいと思います。今回の元号の選定作業に加わるという重い責任を果たし終えたことに心から安堵するとともに、清々しい気持ちでいっぱいであります。今回の元号について、我が国の豊かな国民文化と伝統とを象徴する古典から採用したことは画期的なことであり、心からの敬意を表します。総理が述べられたように、厳しい寒さの後に春の訪れを告げ、見事に咲き誇る梅の花のように、一人一人の日本人が希望を持ち、それぞれの人生の花を開けるような社会づくりが力強く進んでほしいという思いが滲み出ていると言ってもいいと思います。まさに、新しく即位される天皇陛下をお迎えして、新しい時代の出発に相応しいものと考えます。国民の皆さんが一刻も早くこの元号に親しみ、新しい天皇陛下とともに、世界の平和と日本国のさらなる発展、そして国民の皆さん一人一人の益々の幸福を

願ってやみません」。

　また、平成31年4月1日の参議院議長談話は、次のとおりだ。「本日、新しい元号が決定されました。今回の選定作業に加わるという重責を果たし、安堵しております。これから『令和』の下、新たな時代の幕が開けようとしております。1,300年以上の歴史を有する我が国の元号は、その時代の出来事や文化とともに記憶されるなど、日本人の生活に深く根ざしております。今回の元号は、初めて日本の古典から採用されました。この新しい元号が国民に広く受け入れられ、国民の未来が明るく希望に満ちたものになることを願っております。天皇陛下の御退位と皇太子殿下の御即位が、国民の祝意の中でつつがなく行われますことを衷心よりお祈り申し上げます」。

　なお、先程示したように、元号選定手続においては、内閣総理大臣は、新元号の原案について衆議院及び参議院の議長及び副議長である者に連絡し、意見を伺う。そのことをふまえると、それらの談話を理解しやすいだろう。

### (7) 「Reiwa」

　また、平成31年4月1日、テレビ朝日は、次の報道をした。「菅官房長官が新元号を発表した後、外務省は速やかに日本が国として承認している195カ国と国連、EU（ヨーロッパ連合）に対して新しい元号『令和』を通知しました。令和の英字表記は『Reiwa』となります。また、今後、在外公館や在京の大使館を通じて新しい元号に込められた意味などを伝えていく方針です」。

　テレビ朝日のその報道には、次の内容がある。「令和の英字表記は『Reiwa』となります」。

　実際、首相官邸のウェブサイトには、次の内容がある。「新しい元号は『令和』（れいわ、Reiwa）であります」。

## 21 「昭和」「平成」「令和」の共通点と漢字の組み合わせ

ところで、「昭和」は、それより前の(大正までの)複数の元号で使われた漢字「和」と、元号に初めて使われる漢字「昭」で、構成されている(表❶、表❷参照)。

また、「平成」は、それより前の(昭和までの)複数の元号で使われた漢字「平」と、元号に初めて使われる漢字「成」で、構成されている(表❶、表❷参照)。

要するに、「昭和」も「平成」も、それより前の複数の元号で使われた漢字と、元号に初めて使われる漢字で、構成されている。

では、「令和」は、どのような漢字で構成されているのか。

「令和」は、それより前の(平成までの)複数の元号で使われた漢字「和」と、元号に初めて使われる漢字「令」で、構成されている。「令」は平成までの247個の元号で使われていない漢字だ、すなわち、「令」は「令和」で元号に初めて使われる漢字だ(表❶、表❷、表⓮参照)。

以上で述べたことからわかるように、「昭和」も「平成」も「令和」も、それより前の複数の元号で使われた漢字と、元号に初めて使われる漢字で、構成されている。それが、「昭和」「平成」「令和」の共通点だ。

なお、「令和」が248番目の元号なので、「令和」の次の元号は249番目の元号だ。249番目の元号も、そういうものになるのだろうか。すなわち、249番目の元号は、それより前の(令和までの)複数の元号で使われた漢字「〇」と、元号に初めて使われる漢字「△」で、構成される(〇△ or △〇)のだろうか。

表⓮令和までの248個の元号に使われた漢字

| 元号に使われた回数 | 元号に使われた漢字 |
|---|---|
| 29回 | 永 |
| 27回 | 天、元 |
| 21回 | 治 |
| 20回 | 応、和 |

| 19回 | 長、正、文 |
|---|---|
| 17回 | 安 |
| 16回 | 延、暦 |
| 15回 | 寛、徳、保 |
| 14回 | 承 |
| 13回 | 仁 |
| 12回 | 平、嘉 |
| 10回 | 宝、康 |
| 9回 | 慶、久、建 |
| 8回 | 弘、貞、享 |
| 7回 | 禄、明 |
| 6回 | 大 |
| 5回 | 亀 |
| 4回 | 寿、万 |
| 3回 | 化、養、神、観、喜、中、政 |
| 2回 | 雲、護 |
| 1回 | 白、雉、朱、鳥、銅、霊、老、感、勝、字、景、同、祥、斉、衡、昌、泰、祚、福、禎、乾、亨、武、興、国、授、至、吉、昭、成、令 |

※表❷をふまえて、筆者が表⓮を作成した。
※令和までの248個の元号に使われた漢字は延べ506文字。
※令和までの248個の元号に使われた漢字は73種類。

## 22　平成31年銘・令和元年銘の貨幣（硬貨）

　ところで、1円貨幣、5円貨幣、10円貨幣、50円貨幣、100円貨幣、500円貨幣には、「昭和○年」とか「平成○年」とか入っている。例えば、筆者の手元にある100円貨幣には、「平成元年」と入っている。
　そして、昭和から平成への改元の際、昭和64年銘の貨幣は、1円、5円、10円、500円に関して製造された、すなわち、50円、100円に関して

は製造されなかった。それに対し、平成元年銘の貨幣は、1円、5円、10円、50円、100円、500円の全てに関して製造された（なお、1円に関しても、5円に関しても、10円に関しても、500円に関しても、製造枚数は、平成元年銘の貨幣の方が、昭和64年銘の貨幣より多かった[160]）。

さて、以上で述べたように、平成から令和への改元が行われるわけだが、貨幣の製造は、どうなるのだろうか。そのことについてだが、平成31年銘の貨幣は、1円、5円、10円、50円、100円、500円の全てに関して製造されている。そして、令和元年銘の貨幣は、1円、5円、10円、50円、100円、500円の全てに関して製造される[161]。

平成31年1月1日、時事通信は、貨幣の製造と改元に関して、次の報道をした。「5月の改元に伴い、10円玉や100円玉などの硬貨にも新元号が刻印されることになる。ただ、新しい硬貨の金型を製造する必要があるため、新元号が記された硬貨が流通し始めるのは夏ごろとなる見通しだ。発行する財務省によると、西暦への表記変更は『全く検討していない』という[162]」。

その後、平成31年2月21日、産経新聞は、貨幣の製造と改元に関して、次の報道をした。「皇太子さまが新天皇に即位される5月1日の改元に伴い、政府が新元号を刻印した硬貨を7月にも発行する方針を固めたことが20日、分かった。需要が高い百円玉と五百円玉を優先し、製造作業を進める。硬貨の製造は、政府が新元号を4月1日に決定、公表した後に開始する[163]」。

なお、以上で、「貨幣」「硬貨」という文言を使用したが、「通貨の単位及び貨幣の発行等に関する法律（昭和62年法律第42号）」は、「硬貨」という文言ではなく、「貨幣」という文言を使用している。例えば、同法2条3項は「第一項に規定する通貨とは、貨幣及び日本銀行法（平成九年法律第八十九号）第四十六条第一項の規定により日本銀行が発行する銀行券をいう」と規定し、同法4条2項は「財務大臣は、貨幣の製造に関する事務を、独立行政法人造幣局（以下『造幣局』という。）に行わせる」と規定している。そこで、本書では、原則として「貨幣」という文言を使用し、例外的に引用箇所等で「硬貨」という文言を使用している。

また、1000円券等の銀行券（お札）に関しては、元々発行年が記載されていないので、改元対応を行う必要がなく、何も行われない。¹⁶⁴

## 23 「#令和婚」「#改元婚」「#婚姻届」

平成31年3月1日、朝日新聞は、婚姻届［民法（明治29年法律第89号）739条、戸籍法（昭和22年法律第224号）74条参照］に関して、次の報道をした。「5月1日、特別に婚姻届を受け付ける窓口を設ける自治体が増えている。記念写真の撮影用に背景パネルや小道具を準備し、新元号とともに新婚生活をスタートさせる2人を祝福する窓口もある。5月1日は改元に加えて『大安』も重なり、こうした日は婚姻届が増える傾向がある」¹⁶⁵。

朝日新聞のその報道に関してだが、例えば、愛知県一宮市のウェブサイトには、次の内容がある。「5月1日は、改元初日で日柄が良いこともあり、婚姻の届出件数が多いと予想されるため特設窓口を開設します。カップルを祝福するため記念撮影場所を設置し、届出人が持参したデジタルカメラなどを用いて、市職員による撮影サービスを実施します」¹⁶⁶。

また、朝日新聞のその報道をふまえると、令和元年5月1日、InstagramやTwitterで、「#令和婚」「#改元婚」「#婚姻届」を付けた、多数の投稿がされる可能性がある。

## 24 平成三十二年東京オリンピック競技大会・東京パラリンピック競技大会特別措置法と平成から令和への改元

2020年、日本で、東京オリンピック・東京パラリンピックが開催される。

それらに関しては、「平成三十二年（著者注：2020年）東京オリンピック競技大会・東京パラリンピック競技大会特別措置法（平成27年法律第33

号)」が存在する。

　そして、例えば、同法1条は「この法律は、平成三十二年（著者注：2020年）に開催される東京オリンピック競技大会及び東京パラリンピック競技大会（以下『大会』と総称する。）が大規模かつ国家的に特に重要なスポーツの競技会であることに鑑み、大会の円滑な準備及び運営に資するため、東京オリンピック競技大会・東京パラリンピック競技大会推進本部の設置及び基本方針の策定等について定めるとともに、国有財産の無償使用等の特別の措置を講ずるものとする」と規定している。

　また、例えば、同法2条は「大会の円滑な準備及び運営に関する施策を総合的かつ集中的に推進するため、内閣に、東京オリンピック競技大会・東京パラリンピック競技大会推進本部（以下『本部』という。）を置く」と規定し、同法10条は「本部は、平成三十三年（著者注：2021年）三月三十一日まで置かれるものとする」と規定している。

　ただ、以上で述べたように、平成最後の日は、平成31年（2019年）4月30日だ。

　つまり、平成32年・平成33年は、存在しない。

　2020年は平成32年ではなく令和2年、2021年は平成33年ではなく令和3年だ（表❶参照）。

　そのため、次のような疑問を持つ人がいるだろう。「平成三十二年東京オリンピック競技大会・東京パラリンピック競技大会特別措置法は、改正されるのだろうか。例えば、同法題名中『平成三十二年』は『令和二年』、同法1条中『平成三十二年』は『令和二年』、同法10条中『平成三十三年』は『令和三年』に改められるのだろうか（そういう改正が行われると、例えば、法律の題名は『令和二年東京オリンピック競技大会・東京パラリンピック競技大会特別措置法』となる）」。

　そのような疑問に関して、文部科学省・スポーツ庁に問い合わせた結果、平成31年4月2日、次の趣旨の回答を得た。「今回の改元のみを理由として、平成三十二年東京オリンピック競技大会・東京パラリンピック競技大会特別措置法を改正する予定はない。ただ、『他の理由で同法を改正する際に、一緒に、今回の改元対応の改正を行う』ということは、今後、

あり得る」。

　なお、「改元に伴う元号による年表示の取扱いについて（平成31年4月1日新元号への円滑な移行に向けた関係省庁連絡会議申合せ）」には、今回の改元と法律の改正に関して、次の内容がある。「天皇の退位等に関する皇室典範特例法（平成29年法律第63号）に基づく皇位の継承に伴い、元号が改められる場合の元号による年表示については、以下の方針（以下『本方針』という。）に沿って取り扱うこととする。（中略）法律及び政令については、『平成』を用いて改元日以降の年を表示している場合であっても、当該表示は有効であり、改元のみを理由とする改正は行わないものとし、改元以外の理由により改正を行う際に、当該法律又は政令の全ての規定について改元に伴う必要な改正を併せて行うものとする。ただし、改元のみを理由とする改正を行わないことにより支障を生ずる特別の事情がある場合は、個別に検討の上、所要の措置を採るものとする」。

　令和2年に開催される東京オリンピック・東京パラリンピックが成功すること、改元関連詐欺の被害者が増加しないこと、そして、人々が美しく心を寄せ合う中で文化が生まれ育つ時代に令和がなることを祈っている。

# あとがき──「令和元年・令和 1 年」「Reiwa・Leiwa」等

　本文執筆後の平成 31 年 4 月 3 日、経済産業省のウェブサイトに、「改元に伴う情報システムの改修等を進めていく上でよくご質問いただく事項について」という資料が掲載された。

　その資料には、例えば、次の質問が載っている。「令和初年については、『元年』と表記しなくてはいけないのか？ 令和 1 年と表記された文書は有効なのか？」。その質問に対する回答は、次のとおりだ。「○我が国においては、『1 年』という表記を無効とするような規定等はなく、慣習として、年号の改まった最初の年については、『元年』が用いられていると考えています。○このため、『令和 1 年』と表記されている文書についても、無効なものとして取り扱うことはありません。○なお、情報システムにおける扱いにおいては、広範なロケールデータを提供することを目的とした国際的な非営利法人である Unicode Consortium の共通ロケールデータリポジトリ（CLDR）（著者注：Common Locale Data Repository）プロジェクトにおいて、『元年』表記を用いることがデフォルトとされています。○具体的な電子申請システムにおいて、どのような表記が受付可能かについては、各電子申請システムを運用している府省庁等にお問い合わせください」[169]。

　インターネット上では、「令和『元年』が正しいのか？ 令和『1 年』が正しいのか？ どちらでも良いのか？」といった疑問が散見されるが、1 つ前の段落で示した回答によって、その疑問は解消されるだろう。

　また、その資料には、例えば、次の質問も載っている。「新元号『令和』は、アルファベットでは、どのように表記したらよいか」。その質問に対する回答は、次のとおりだ。「○ヘボン式ローマ字により、"Reiwa" と表記します」[170]。

インターネット上では、「『Reiwa』が正しいのか？『Leiwa』が正しいのか？」といった疑問が散見されるが、ヘボン式ローマ字により、令和は「Reiwa」だ。

　また、本文執筆後の平成31年4月9日、財務省のウェブサイトに、「新しい日本銀行券及び五百円貨幣を発行します」という資料が掲載された。

　その資料には、例えば、次の内容がある。「日本銀行券一万円、五千円及び千円について、偽造抵抗力強化等の観点から、次の要領で様式を新たにして製造することとし、所要の準備に着手しました」「現行の五百円貨幣について、偽造抵抗力強化の観点から、次の要領で素材等を変更して製造することとし、所要の準備に着手しました」。

　「平成から令和への改元を原因として、そういう新しい日本銀行券・500円貨幣を製造しなければならなくなった。そこで、それらを製造することとした」というわけではない。

　なお、現行の日本銀行券・500円貨幣は、新しい日本銀行券・500円貨幣が発行された後も、引き続き通用する。「現行の日本銀行券は使用不可になる」といった嘘に基づいた詐欺行為に注意する必要がある。

　そしてまた、本文執筆後の平成31年4月19日、新元号選定に関する議事概要が公表された。具体的にいうと、「元号に関する懇談会議事概要」「衆議院及び参議院の議長及び副議長意見伺い議事概要」「全閣僚会議議事概要」が公表された。

　「元号に関する懇談会議事概要」には、例えば、次の内容がある。「有識者全員が国書からの案を推挙した」。また、「全閣僚会議議事概要」には、例えば、次の内容がある。「発言した閣僚のほとんどが国書から選定するのが良いという意見であった」「官房長官から、構成員からの意見を踏まえ、新元号については総理に一任することとしたいとの発言があり、了承された。（中略）総理大臣から、新元号を『令和』としたいとの発言があり、了承された」。

　さて、前著『民法　成年年齢の20歳から18歳への引下げ』に続き、五月書房新社から本書を出版でき、嬉しく思っている。また、本書の出版にあたっては、同社の柴田理加子氏、片岡力氏にとてもお世話になってお

り、感謝している。

　そして、最後になったが、平成から令和への改元が行われる少し前、平成31年4月20日、結婚式に出席した。末永くお幸せに。

飯　田　泰　士

# 注

（1）首相官邸ウェブサイト「平成31年1月4日安倍内閣総理大臣年頭記者会見」。
（2）天皇の公務の負担軽減等に関する有識者会議「最終報告」（平成29年）15頁。
（3）伊藤正己『憲法』（弘文堂、第3版、平成7年）136頁。
（4）まず、昭和54年4月20日、第87回国会衆議院内閣委員会で、栂野泰二衆議院議員（当時）は、元号法2項に関して、次の質問をした。「この法案［著者注：元号法案（第87回国会閣法第2号）］が成立しますと、まず政府は、この法案に従って、皇位の継承があった場合に一体改元を義務づけられるのですか。そこはどうなんです」。

　その質問に対して、清水汪内閣官房内閣審議室長兼内閣総理大臣官房審議室長（当時）は、次の答弁をした。「おっしゃるとおりでございます」。

　また、昭和54年5月8日、第87回国会参議院内閣委員会で、真田秀夫内閣法制局長官（当時）は、元号法2項に関して、次の答弁をした。「いわゆる元号法案という形で制度を立てた方が安定性があるということは、これは法律的に申しますと憲法の七十三条で政府は誠実に法律を執行しなければならないということになっておりますので、この法案［著者注：元号法案（第87回国会閣法第2号）］が成立いたしますれば、この法案の第二項に書いてありまする改元の事由が生ずれば政府は改元をしなければならないということで、将来にわたって元号制度が安定的に維持されると、こういう法律的な意味合いに相なろうかと思います」。

　なお、小西洋之参議院議員『元号法第二項の解釈に関する質問主意書（平成29年3月23日）』参照。
（5）内閣制度百年史編纂委員会編『内閣制度百年史上巻』（大蔵省印刷局、昭和60年）644頁。

　なお、昭和54年5月29日、第87回国会参議院内閣委員会で、真田秀夫内閣法制局長官（当時）は、元号の決定権に関して、次の答弁をした。「いまの憲法のもとにおける天皇の国家機関としての天皇の御行為につきましては、これはもう御承知のとおり憲法に列挙してある、天皇は憲法に定める国事に関する行

為のみを行うと、そういうふうに書いてございますから、元号を決める権能を天皇に与えるというような法律をつくることは、これはいまの憲法のもとではもうとても考えられない事項でございます」「天皇に元号の決定権を与えるような法律をつくることは憲法違反でございます」。

　また、昭和21年12月5日、第91回帝国議会衆議院本会議で、金森徳次郎国務大臣（当時）は、元号を誰が定めるかということに関して、次の答弁をした。「今度の制度におきましては、改正憲法の規定によりまして、天皇が御みずから元號をお定めになるという場面はないと考えております」。

（6）古賀信裕「改元とそれに伴う法律改正について」立法と調査402号（平成30年）65頁、国立公文書館ウェブサイト「25元号を改める政令」。

（7）首相官邸ウェブサイト「元号選定手続検討会議第1回議事次第・配布資料」5頁。

　なお、平成30年2月7日、NHKは、「平成」の読み方に関して、次の報道をした。「『平成』をどう読むかも政府内で議論となったということです。『≪平城（へいぜい）天皇≫というのがおられたから、それはやっぱり≪へいせい≫だなと』」「平成を『へいぜい』と読ませれば、今の天皇陛下のおくり名（崩御後の呼び名）も『へいぜいてんのう』となります。これでは、西暦806年に即位した『平城（へいぜい）天皇』と混同してしまうからです」［NHKウェブサイト「新元号を探る 平成の次にくるのは？」。なお、平城天皇は、第51代天皇だ（宮内庁ウェブサイト「天皇系図」）］。

（8）元号法附則2項においては、「昭和」という元号を、元号法の規定に基づき定められたものとすることによって、将来元号法により定められる元号と、「昭和」という元号との継続性を明確にしている［内閣制度百年史編纂委員会編・前掲注（5）644頁］。

（9）元号法が設けられた背景・経緯に関しては、内閣制度百年史編纂委員会編・前掲注（5）643-644頁参照。

　なお、昭和54年5月31日、第87回国会参議院内閣委員会で、清水汪内閣官房内閣審議室長兼内閣総理大臣官房審議室長（当時）は、元号法案を立案した背景に関して、次の答弁をした。「わが国における伝統的な紀年の方法という意味におきましては、元号あるいは同じ意味でございますが年号というものは千年以上にわたる歴史を有し、ことに近年においてはそれがそういうものとして国民の間に全く疑義なく定着をしているわけでございます。したがいましてそのような、そしてまた、その元号の将来における存続を希望する国民が大多数である。このような実態に基づきまして私どもはこの法案［著者注：元号法案

(第 87 回国会閣法第 2 号)] を立案をいたした」。
(10) 法制執務用語研究会『条文の読み方』(有斐閣、平成 24 年) 143-144 頁。
(11) 法制執務用語研究会・前掲注 (10) 144 頁。
(12) 閣議に付議される案件は、その内容によって、①閣議決定、②閣議了解、③閣議報告として処理される。まず、①閣議決定は、合議体である内閣の意思を決定するものについて行われる。また、②閣議了解は、本来、ある主任の大臣の権限により決定し得る事項に属するものであるが、事柄の重要性に鑑み、他の国務大臣の意向をも徴することが適当と判断されるものについて行われる。そして、③閣議報告は、主要な審議会の答申等を閣議に披露するような場合等に行われる [首相官邸ウェブサイト「閣議 (3) 閣議付議案件」]。

また、森喜朗内閣総理大臣『衆議院議員金田誠一君提出閣議に関する質問に対する答弁書(平成 12 年 7 月 14 日)』には、閣議決定・閣議了解・閣議報告に関して、次の内容がある。「内閣がその意思を決定する方式には、実務上、閣議決定と閣議了解の二つの方式があるところ、いずれも、内閣の意思決定である点においてその効力に違いはない。閣議決定は、憲法又は法律により内閣の意思決定が必要とされる事項や、法令上規定がない場合でも特に重要な事項について行われるものである。閣議了解は、各省庁の所管に属する事項で、他省庁にも関係するなどその及ぼす影響にかんがみ、閣議において意思決定しておく必要が認められるものについて行われるものである。また、閣議報告は、各主管の大臣がそれぞれの所管事項について、閣議に報告するものであり、内閣の意思決定ではない」「内閣がその意思を決定する際、閣議書を作成しない口頭了解によることも可能であるが、いわゆる持ち回り閣議の場合には、閣議書を作成するのを例としている」。
(13) 内閣制度百年史編纂委員会編『内閣制度百年史下巻』(大蔵省印刷局、昭和 60 年) 75-76 頁。

なお、平成 31 年 3 月 9 日、NHK は、次の報道をした。「昭和から平成への改元に先立って、内閣法制局が、改元の法的な問題点などを整理した際、新元号を定めた後、過去に用いられた元号や地名、それに会社の商号などと重複していることが判明しても、『違法とはならない』とする見解をまとめていたことが、NHK が行った情報公開請求でわかりました」[NHK ウェブサイト「新元号 過去と重複判明しても『違法とはならない』」]。
(14) 総理府史編纂委員会編『総理府史』(内閣総理大臣官房、平成 12 年) 74 頁。

なお、「『元号選定手続について』の一部改正について (昭和 64 年 1 月 7 日閣議報告)」は、以下のとおりだ [内閣制度百十周年記念史編集委員会編『内閣制

度百年史下巻追録』（内閣官房、平成7年）7頁］。

「『元号選定手続について』の一部改正について（昭和64年1月7日閣議報告）」

「元号選定手続について」（昭和54年10月23日閣議報告）を下記のとおり改正したので報告する。
　　　　記
　第3項を次のとおり改める。
3　原案の選定等
　(1)　内閣総理大臣の指示により、内閣官房長官は、内閣法制局長官の意見を聴いて、新元号の原案として数個の案を選定する。
　(2)　内閣官房長官は、各界の有識者の参集を得て、元号に関する懇談会（以下、「懇談会」という。）を開催し、新元号の原案につき意見を求め、その結果を内閣総理大臣に報告するものとする。
　　　　懇談会のメンバーは若干名とし、内閣官房長官が選考する。
　(3)　内閣総理大臣は、新元号の原案について衆議院及び参議院の議長及び副議長である者に連絡し、意見を伺う。
　(4)　全閣僚会議において、新元号の原案について協議する。
(15)　首相官邸ウェブサイト「平成31年2月8日（金）午前内閣官房長官記者会見　元号選定手続について」1頁。
　　なお、昭和64年1月7日、小渕恵三内閣官房長官（当時）は、元号選定手続に関して、次の趣旨の説明をした。「新しい元号の選定手順を申し上げますと、その概要は次のとおりです。第1に、内閣総理大臣は、高い識見を有する方々に、新しい元号とするのにふさわしい候補名の考案を委嘱する。第2に、内閣官房長官は、考案者から提出された候補名について、国民の理想としてふさわしいようなよい意味を持つものであるかどうか、漢字2字であるかどうか、書きやすいかどうか、読みやすいかどうかなどの事項に留意して、検討・整理し、その結果を内閣総理大臣に報告する。第3に、内閣総理大臣の指示により、内閣官房長官は、内閣法制局長官の意見を聴いて、新元号の原案として数個の案を選定する。第4に、内閣官房長官は、新元号の原案について各界の有識者の方々の御意見を伺うため、『元号に関する懇談会』を開催する。第5に、内閣総理大臣は、新元号の原案について衆議院及び参議院の議長及び副議長の御意見を伺う。第6に、全閣僚会議において、新元号の原案について協議する。第7に、閣議において元号を改める政令を決定し、同時に、元号の読み方に関する

内閣告示及び改元に際しての内閣総理大臣談話を決定する。以上であります」〔読売新聞政治部『平成改元』（行研出版局、平成元年）344頁。毎日新聞政治部『ドキュメント新元号平成』（角川書店、平成元年）25-26頁参照〕。
(16) NHKウェブサイト「新元号4月1日閣議決定公表へ」。
(17) 昭和54年5月29日、第87回国会参議院内閣委員会で、清水汪内閣官房内閣審議室長兼内閣総理大臣官房審議室長（当時）は、元号法2項に関して、次の答弁をした。「もともと『場合』という表現をとっておりますのは、そこにある程度の時間的なゆとりというものを政府にゆだねていただきたいという考え方からそのような表現をとっているということが一つでございます。なぜそのようなゆとりをお願いしているかということにつきましては、これは逆に言えば、るる申し上げておりますように、やはり皇位継承がどういう状況で起きるか、あるいはその場合の国民感情あるいは国民生活、経済社会活動に与える影響、そうしたものもやはりいろいろ考えてやっていく必要があろう。これからの国民に使われる元号でございますので、そのような配慮が当然望ましいと、このように考えておるから、そのような法律上の緩やかな表現を、表現としてはお願いをしておるわけでございますが、しかし、皇位の継承があった場合に改めるという、その基本の線からいきますと、やはり元号というもののあり方としては、事情の許す限り速やかに、こういうことが、これは法の趣旨として当然そう理解するわけでございますので、そのことを申し上げているわけでございますが、諸種の総合的な事情を判断した結果といたしましては、ある程度の幅がそこに出てくるということがあり得ると、それは幅の問題である、このように考えているわけでございます」。
(18) 内閣制度百十周年記念史編集委員会編・前掲注(14) 70-71頁。
(19) 首相官邸ウェブサイト「天皇の公務の負担軽減等に関する有識者会議第2回 資料2 天皇陛下の御活動の状況及び摂政等の過去の事例」21頁。
(20) 昭和54年4月19日、第87回国会衆議院内閣委員会で、山本悟宮内庁次長（当時）は、大行天皇に関して、次の答弁をした。「陛下がお亡くなりになった場合は、贈り名、追号を差し上げるまでの間、大行天皇と申し上げて、一定の、ある程度の時間がたちましたところで新天皇が追号を差し上げる、こういうような慣例で来ているわけでございまして、現在、法令はないわけでございますが、そういった慣例を尊重しながら対処するというようなことになるのではないかと存じております」。

また、追号奉告の儀（平成元年1月31日）に関する御誄は、以下のとおりだ〔宮内庁ウェブサイト「御誄（おんるい）追号奉告の儀（平成元年1月31日）」〕。

明仁謹んで
　　御父大行天皇の御霊に申し上げます。
　　　大行天皇には、御即位にあたり、国民の安寧と世界の平和を祈念されて昭和と改元され、爾来、皇位におわしますこと六十有余年、ひたすらその実現に御心をお尽くしになりました。
　　　ここに、追号して昭和天皇と申し上げます。
(21) 宮内庁ウェブサイト「主な式典におけるおことば（平成元年）即位後朝見の儀平成元年1月9日（月）（宮殿）」。
(22) 宮内庁ウェブサイト「天皇皇后両陛下のおことばなど」参照。
(23) 宮内庁ウェブサイト「主な式典におけるおことば（平成元年）天皇陛下のおことば」。
(24) 重要な報道なので具体的に示しておくと、平成28年7月13日、NHKは、次の報道をした。「天皇陛下が、天皇の位を生前に皇太子さまに譲る『生前退位』の意向を宮内庁の関係者に示されていることが分かりました。数年内の譲位を望まれているということで、天皇陛下自身が広く内外にお気持ちを表わす方向で調整が進められています。天皇陛下は、82歳と高齢となった今も、憲法に規定された国事行為をはじめ数多くの公務を続けられています。そうしたなか、天皇の位を生前に皇太子さまに譲る『生前退位』の意向を宮内庁の関係者に示されていることが分かりました。天皇陛下は、『憲法に定められた象徴としての務めを十分に果たせる者が天皇の位にあるべきだ』と考え、今後、年を重ねていくなかで、大きく公務を減らしたり代役を立てたりして天皇の位にとどまることは望まれていないということです。こうした意向は、皇后さまをはじめ皇太子さまや秋篠宮さまも受け入れられているということです。天皇陛下は、数年内の譲位を望まれているということで、天皇陛下自身が広く内外にお気持ちを表わす方向で調整が進められています。これについて関係者の1人は、『天皇陛下は、象徴としての立場から直接的な表現は避けられるかも知れないが、ご自身のお気持ちがにじみ出たものになるだろう』と話しています。海外では、3年前、皇室とも親交の深いオランダの女王やローマ法王などが相次いで退位を表明して注目を集めました。日本でも、昭和天皇まで124代の天皇のうち、半数近くが生前に皇位を譲っていますが、明治時代以降、天皇の譲位はなくされ、江戸時代後期の光格天皇を最後におよそ200年間、譲位は行われていません。皇室制度を定めた『皇室典範』に天皇の退位の規定はなく、天皇陛下の意向は、皇室典範の改正なども含めた国民的な議論につながっていくものとみられます」〔NHKウェブサイト「天皇陛下『生前退位』の意向示される」〕。

(25) 衆議院調査局「各委員会所管事項の動向──第192回国会（臨時会）における課題等」（平成28年）11頁。
(26)「Message from His Majesty The Emperor（August 8, 2016）」は、以下のとおりだ［宮内庁ウェブサイト「Message from His Majesty The Emperor」］。

「Message from His Majesty The Emperor（August 8, 2016）」

A major milestone year marking the 70th anniversary of the end of World War II has passed, and in two years we will be welcoming the 30th year of Heisei.
As I am now more than 80 years old and there are times when I feel various constraints such as in my physical fitness, in the last few years I have started to reflect on my years as the Emperor, and contemplate on my role and my duties as the Emperor in the days to come.
As we are in the midst of a rapidly aging society, I would like to talk to you today about what would be a desirable role of the Emperor in a time when the Emperor, too, becomes advanced in age. While, being in the position of the Emperor, I must refrain from making any specific comments on the existing Imperial system, I would like to tell you what I, as an individual, have been thinking about.

Ever since my accession to the throne, I have carried out the acts of the Emperor in matters of state, and at the same time I have spent my days searching for and contemplating on what is the desirable role of the Emperor, who is designated to be the symbol of the State by the Constitution of Japan. As one who has inherited a long tradition, I have always felt a deep sense of responsibility to protect this tradition. At the same time, in a nation and in a world which are constantly changing, I have continued to think to this day about how the Japanese Imperial Family can put its traditions to good use in the present age and be an active and inherent part of society, responding to the expectations of the people.

It was some years ago, after my two surgeries that I began to feel a decline in my fitness level because of my advancing age, and I started to think about the pending future, how I should conduct myself should it become difficult for me to carry out my heavy duties in the way I have been doing, and what would be best for the country, for the people, and also for the Imperial Family members who will follow after me. I am already 80 years old, and fortunately I am now in good health. However, when I consider that my fitness level is gradually declining, I am worried that it may become difficult for me to carry out my duties as the symbol of the State with my whole being as I have done until now.

I ascended to the throne approximately 28 years ago, and during these years, I have spent my days together with the people of Japan, sharing much of the joys as well as the sorrows that have happened in our country. I have considered that the first and foremost duty of the Emperor is to pray for peace and happiness of all the people. At the same time, I also believe that in some cases it is essential to stand by the people, listen to their voices, and be close to them in their thoughts. In order to carry out the duties of the Emperor as the symbol of the State and as a symbol of the unity of the people, the Emperor needs to seek from the people their understanding on the role of the symbol of the State. I think that likewise, there is need for the Emperor to have a deep awareness of his own role as the Emperor, deep understanding of the people, and willingness to nurture within himself the awareness of being with the people. In this regard, I have felt that my travels to various places throughout Japan, in particular, to remote places and islands, are important acts of the Emperor as the symbol of the State and I have carried them out in that spirit. In my travels throughout the country, which I have made together with the Empress, including the time when I was Crown Prince, I was made aware that wherever I went there were thousands of citizens who love their local community and with quiet dedication continue to support their community. With this awareness I was able to carry out the most important duties of the Emperor, to always think of the people and pray for the people, with deep respect and love for the people. That, I feel, has been a great blessing.

In coping with the aging of the Emperor, I think it is not possible to continue reducing perpetually the Emperor's acts in matters of state and his duties as the symbol of the State. A Regency may be established to act in the place of the Emperor when the Emperor cannot fulfill his duties for reasons such as he is not yet of age or he is seriously ill. Even in such cases, however, it does not change the fact that the Emperor continues to be the Emperor till the end of his life, even though he is unable to fully carry out his duties as the Emperor.

When the Emperor has ill health and his condition becomes serious, I am concerned that, as we have seen in the past, society comes to a standstill and people's lives are impacted in various ways. The practice in the Imperial Family has been that the death of the Emperor called for events of heavy mourning, continuing every day for two months, followed by funeral events which continue for one year. These various events occur simultaneously with events related to the new era, placing a very heavy strain on those involved in the events, in particular, the family left behind. It occurs to me from time to time to wonder whether it is possible to prevent such a situation.

As I said in the beginning, under the Constitution, the Emperor does not have powers related to government. Even under such circumstances, it is my hope that by thoroughly reflecting on our country's long history of emperors, the Imperial Family can continue to be with the people at all times and can work together with the people to build the future of our country, and that the duties of the Emperor as the symbol of the State can continue steadily without a break. With this earnest wish, I have decided to make my thoughts known.

I sincerely hope for your understanding.

(27) 宮内庁ウェブサイト「象徴としてのお務めについての天皇陛下のおことば」。
(28) BBCウェブサイト「天皇陛下、生前退位希望を示唆」。
　なお、ここで、BBCのその報道が言及している「東日本大震災」に関して、補足しておく。平成23年4月1日の閣議了解によって、東北地方太平洋沖地震による災害及びこれに伴う原子力発電所事故による災害を「東日本大震災」と呼称することとされた［内閣府編「平成24年版防災白書」（平成24年）3頁。なお、閣議了解に関しては、前掲注（12）参照］。

(29)「東北地方太平洋沖地震に関する天皇陛下のおことば」は、以下のとおりだ〔宮内庁ウェブサイト「東北地方太平洋沖地震に関する天皇陛下のおことば」〕。

「東北地方太平洋沖地震に関する天皇陛下のおことば」

　この度の東北地方太平洋沖地震は、マグニチュード9.0という例を見ない規模の巨大地震であり、被災地の悲惨な状況に深く心を痛めています。地震や津波による死者の数は日を追って増加し、犠牲者が何人になるのかも分かりません。一人でも多くの人の無事が確認されることを願っています。また、現在、原子力発電所の状況が予断を許さぬものであることを深く案じ、関係者の尽力により事態の更なる悪化が回避されることを切に願っています。

　現在、国を挙げての救援活動が進められていますが、厳しい寒さの中で、多くの人々が、食糧、飲料水、燃料などの不足により、極めて苦しい避難生活を余儀なくされています。その速やかな救済のために全力を挙げることにより、被災者の状況が少しでも好転し、人々の復興への希望につながっていくことを心から願わずにはいられません。そして、何にも増して、この大災害を生き抜き、被災者としての自らを励ましつつ、これからの日々を生きようとしている人々の雄々しさに深く胸を打たれています。

　自衛隊、警察、消防、海上保安庁を始めとする国や地方自治体の人々、諸外国から救援のために来日した人々、国内の様々な救援組織に属する人々が、余震の続く危険な状況の中で、日夜救援活動を進めている努力に感謝し、その労を深くねぎらいたく思います。

　今回、世界各国の元首から相次いでお見舞いの電報が届き、その多くに各国国民の気持ちが被災者と共にあるとの言葉が添えられていました。これを被災地の人々にお伝えします。

　海外においては、この深い悲しみの中で、日本人が、取り乱すことなく助け合い、秩序ある対応を示していることに触れた論調も多いと聞いています。これからも皆が相携え、いたわり合って、この不幸な時期を乗り越えることを衷心より願っています。

　被災者のこれからの苦難の日々を、私たち皆が、様々な形で少しでも多く分かち合っていくことが大切であろうと思います。被災した人々が決して希望を捨てることなく、身体(からだ)を大切に明日からの日々を生き抜いてくれるよう、また、国民一人びとりが、被災した各地域の上にこれからも長く心を寄

　　　　せ、被災者と共にそれぞれの地域の復興の道のりを見守り続けていくことを
　　　　心より願っています。
(30)　衆議院調査局・前掲注（25）12頁。
(31)　首相官邸ウェブサイト「首相官邸メールマガジン平成28年8月15日」。
(32)　阿久津正好「天皇陛下の退位を実現」時の法令2035号（平成29年）5頁、衆議院調査局「各委員会所管事項の動向──第193回国会（常会）における課題等」（平成29年）13頁。
(33)　首相官邸ウェブサイト「天皇の公務の負担軽減等に関する有識者会議根拠・構成員」1頁。
(34)　衆議院調査局「各委員会所管事項の動向──第195回国会（特別会）における課題等」（平成29年）7頁、首相官邸ウェブサイト「天皇の公務の負担軽減等に関する有識者会議第14回議事概要」5-6頁。
　　　　なお、安倍晋三内閣総理大臣『衆議院議員奥野総一郎君提出「元号」に関する質問に対する答弁書（平成29年2月21日）』には、天皇の公務の負担軽減等に関する有識者会議・元号に関して、次の内容がある。「天皇の公務の負担軽減等に関する有識者会議は、天皇の公務の負担軽減等について検討を行うために開催しているものであり、同会議において、元号法に関することを議論していただくこととはしていない」。
(35)　衆議院ウェブサイト「衆議院議長謹話（平成28年8月8日）」。
(36)　参議院ウェブサイト「参議院議長謹話（平成28年8月8日）」。
(37)　衆議院ウェブサイト「天皇の退位等についての立法府の対応に関する全体会議平成29年1月19日議事録」1頁。
(38)　衆議院ウェブサイト「天皇の退位等についての立法府の対応について」、衆議院ウェブサイト「天皇の退位等についての立法府の対応に関し各政党・各会派からの意見聴取平成29年2月20日出席者、会議の概要」2頁、衆議院ウェブサイト「天皇の退位等についての立法府の対応に関し各政党・各会派からの意見聴取平成29年3月13日出席者、会議の概要」2頁。
(39)　衆議院調査局・前掲注（34）7頁、衆議院ウェブサイト「天皇の退位等についての立法府の対応について（内閣総理大臣への議論のとりまとめの手交）平成29年3月17日出席者、概要」1頁。
(40)　衆議院・前掲注（37）4-5頁。
(41)　衆議院・前掲注（37）6頁。
(42)　朝日新聞朝刊平成29年1月11日1頁「2019年元日から新元号」。
(43)　朝日新聞朝刊平成29年1月11日3頁「改元、国民生活を考慮」。

(44) 読売新聞朝刊平成29年1月11日1頁「19年元日 新天皇即位」。
(45) 日本経済新聞朝刊平成29年1月11日1頁「皇位継承19年元日に」。
(46) 衆議院ウェブサイト「天皇の退位等についての立法府の対応について」。
(47) 衆議院調査局・前掲注（34）7頁、阿久津・前掲注（32）7-8頁。
(48) 平成13年6月6日、第151回国会参議院憲法調査会で、阪田雅裕内閣法制局第一部長（当時）は、附帯決議に関して、次の答弁をした。「最初の御質問は、国会の委員会の附帯決議の法的効果ということであったかと思います。一般論としてしか申し上げられないんですけれども、附帯決議につきましては、通常、政府側の責任者、一般的には大臣であろうかと思いますが、その委員会の場で、これを尊重しますというような趣旨のことを申し上げているというふうに承知しております。したがいまして、政府としましては、そうやって大臣が約束をした以上、誠実に履行する責任があるということは言うまでもないことであります。そしてまた、国会における先ほど申し上げました行政監督の一環として、委員会等が政府に対して附帯決議に対する対応の状況を報告せよというふうにお求めになるということもできるというふうには思っております。ただ、附帯決議そのものに一定の法的効果があるか、あるいは与えられるかということになりますと、これはまさに立法に際して付されるのが通常でありますから、もしそういうことが必要であるとすれば、法律の場合によっては附則であるとかあるいは本則でそのようなことを書き込まれる。例えば、法律の新法の制定を速やかに図るという先ほどのお話のような事柄が法律の附則に書かれていることも間々ございますので、そういう措置をとられるのが適当かなというふうに思っております」。

　法制執務用語研究会『条文の読み方』（有斐閣、平成24年）には、附帯決議に関して、次の内容がある。「附帯決議には、法律と同じような意味での拘束力はありません。しかしながら、国会と内閣との関係を踏まえれば、政治的には、政府は、これに従い、これを守るべきものであると考えられます」［法制執務用語研究会・前掲注（10）22頁］。

(49) 伊藤・前掲注（3）136頁。

　なお、昭和49年4月2日、第72回国会参議院内閣委員会で、瓜生順良宮内庁次長（当時）は、天皇の退位に関して、次の答弁をした。「その新しい憲法の中で、天皇の問題につきましては、『皇位は、世襲のものであって、国会の議決した皇室典範の定めるところにより、これを継承する。』というふうに条文がありまして、皇室典範におきましてはこの皇位世襲のことをきめております。その際に、この皇室典範の第四条には、『天皇が崩じたときは、皇嗣が、直ちに即

位する。』とのみ定められまして、退位をされるということは認められないというような規定になっております。要するに終身天皇であられると、もしも心身に重大な故障があられれば摂政を置かれるということであって、終身天皇であられると、退位というのは認められない規定になっております」。
(50) 阿久津・前掲注（32）15頁、井田敦彦「改元をめぐる制度と歴史」レファレンス811号（平成30年）92頁。
　なお、平成31年3月6日、第198回国会参議院予算委員会で、安倍晋三内閣総理大臣は、天皇の退位等に関する皇室典範特例法2条に関して、次の答弁をした。「今般の皇位の継承は天皇の退位等に関する皇室典範特例法に基づき行われるものであり、同法第二条により、天皇陛下が、法の施行日、平成三十一年四月三十日限りで御退位され、直ちに皇太子殿下が御即位されることとされていることから、皇位はこれ、途切れることなくまず継承されるわけでございます。私どもといたしましても、長年引き継がれてきたこの伝統を大切にしなければならないと、こう考えているところでございますが、法令にのっとって行われるこの退位、即位も、これは途切れることなく、皇位は途切れることなく継承されるわけでございます」。
(51) 天皇の公務の負担軽減等に関する有識者会議・前掲注(2) 6頁。
　なお、平成31年3月15日、NHKは、天皇皇后両陛下に関して、次の報道をした。「天皇皇后両陛下が来月30日の天皇陛下の退位を前に、皇室の祖先をまつる伊勢神宮に参拝する儀式に臨むため、来月17日から三重県を訪問されることが正式に決まりました。天皇皇后として最後の地方訪問になります」［NHKウェブサイト「天皇皇后両陛下　来月伊勢神宮へ　最後の地方訪問」］。
　また、昭和34年2月10日、第31回国会衆議院内閣委員会で、赤城宗徳内閣官房長官（当時）は、天皇陛下（当時は皇太子殿下）の御結婚に関して、次の答弁をした。「皇太子殿下の御結婚について、妃選定の経緯から始めて皇室会議の開催、納采の儀等今日に至るまでの経過、さらに今後行わるべき結婚の諸儀式の概要等について申し上げたいと思います。まず最初に、御結婚についてとられた方針と経過でありますが、宮内庁においては数年前から天皇、皇后両陛下並びに皇太子殿下のおぼしめしを伺い、皇室の伝統と将来皇太子妃の国内及び国際間における御活動が繁多かつ重要となることを考え、御本人の健康、学業、人格、容姿等万般について優秀であることはもとより、血統、親族関係等について支障のないことを期して調査を続けてきたのでありまして、その間宮内庁長官から内閣総理大臣に時宜連絡があったと承知しております。妃選定に当り特に考慮を加えられましたのはその選定の範囲であります。このことにつ

きましては、過去の国会における御質問もあり、宮内庁当局からお答えしたところでありますが、戦後数多くの宮家が皇族籍を離脱され、華族制度も廃止になり、また新皇室典範は、皇族の婚嫁は皇族または華族に限るとの規定を廃除しております。しかし皇太子妃としての身位にかんがみ、まず皇族、旧皇族及び旧華族の範囲で選考いたしたのでありますが、同時に優生学的にも近親間の御結婚はなるべく避けたいと考えられたのであります。そのほか皇太子殿下との年令差の問題もありましたので、選定の範囲を広げて参ったのであります。しかしながらどんな家庭の人であってもよいというのではなく、妃たるべき御本人がすぐれていることはもちろん、家系が明らかで、現代日本のりっぱな、良識のある、清潔な家庭の人でなければならないことは申すまでもないことであります。皇太子殿下は、その地位に関する御自覚がきわめてしっかりしておられ、御自分の責任と義務については実に忠実な方でありますので、皇太子殿下の御結婚については、殿下の慎重なお考えと当局の客観的な調査とが完全に一致し、かつ両陛下のお許しを得て成立することが必要でありますが、事実その通り進行したのであります。以上の趣旨で調査選考を行い、内閣総理大臣その他関係者の意見をも徴して準備を進め、ついに正田美智子嬢を皇太子妃として最もふさわしい方と考え、皇太子殿下のおぼしめしを伺い、昨年八月中旬両陛下のお許しを得、同月下旬正田家に内々申し入れ、同年十一月十三日ようやく内諾をいただいたような次第であります。ここにおいて同月二十七日皇室会議（著者注：皇室典範 10 条、表❻参照）開催の運びとなり、皇太子殿下の御婚姻のことが全会一致で可決されました」［国立公文書館ウェブサイト「35 皇太子殿下の婚姻に関する件」参照］。
(52) 衆議院ウェブサイト「天皇の退位等についての立法府の対応に関する全体会議平成 29 年 5 月 10 日議事録」3 頁。
(53) e-Gov ウェブサイト「パブリックコメント制度（意見公募手続制度）について」。

　なお、行政手続法 1 条 1 項は「この法律は、処分、行政指導及び届出に関する手続並びに命令等を定める手続に関し、共通する事項を定めることによって、行政運営における公正の確保と透明性（行政上の意思決定について、その内容及び過程が国民にとって明らかであることをいう。第四十六条において同じ。）の向上を図り、もって国民の権利利益の保護に資することを目的とする」と規定している。

　また、安倍晋三内閣総理大臣『衆議院議員奥野総一郎君提出「元号」に関する質問に対する答弁書（平成 29 年 2 月 21 日）』には、意見公募手続に関して、

次の内容がある。「一般論を申し上げれば、元号を改める場合は、元号法（昭和五十四年法律第四十三号）に基づく政令を定めることになり、これを含め政令は、行政手続法（平成五年法律第八十八号）第二条第八号に規定する『命令等』に当たるところ、個々の政令に関して同法第三条第二項、第四条第四項又は第三十九条第四項の規定により意見公募手続を実施する旨を定める同条第一項の規定が適用されないこととなるか否かは、個別具体的に判断すべきものである」。
(54) 衆議院・前掲注（52）3-4頁。

なお、天皇の退位等に関する皇室典範特例法附則8条に関しては、阿久津・前掲注（32）20-21頁参照。

また、清水貴之参議院議員『新元号の公募に関する質問主意書（平成29年1月20日）』では、新元号・パブリックコメントに関して、次の質問がされた。「平成二十九年一月十日から十一日にかけて新聞各紙は、天皇陛下の御退位に関連し、二〇一九年元日から、新元号とするとの政府の方針を報じている。新元号については、パブリックコメントを実施し広く国民の声を公募すべきとの意見もあるが、政府は新元号について公募をする考えがあるか示されたい」。

その質問に対して、安倍晋三内閣総理大臣『参議院議員清水貴之君提出新元号の公募に関する質問に対する答弁書（平成29年1月31日）』では、次の答弁がされた。「現在、御指摘の『退位』の問題も含め、天皇の公務の負担軽減等については、『天皇の公務の負担軽減等に関する有識者会議』において、予断を持つことなく、議論を進めていただいているところであり、お尋ねについては、仮定の質問であることから、お答えすることは差し控えたい」。

(55) 宮下茂「憲法審査会における当面の課題――平成25年参議院議員通常選挙後の新勢力の下において」立法と調査345号（平成25年）109頁。
(56) BBCウェブサイト「New Zealand votes to keep flag in referendum」。
(57) 宮下・前掲注（55）110頁。

なお、一般的国民投票と憲法に関しては、宮下茂「一般的国民投票及び予備的国民投票――検討するに当たっての視点」立法と調査320号（平成23年）141-143頁参照。
(58) 読売新聞朝刊平成30年11月28日1頁「『元号使いたい』50％」。

なお、読売新聞社が実施した平成時代に関する全国世論調査（郵送方式）に関して（本文で示した読売新聞の報道が言及している平成時代に関する全国世論調査に関して）、正確にいうと、その世論調査では、次の質問がされた。「あなたは、これからのふだんの生活や仕事で、できるだけ元号を使いたいと思いますか、それとも、できるだけ西暦を使いたいと思いますか」。そして、その結

果は、「元号を使いたい」50%、「西暦を使いたい」48%、「答えない」2% だった［読売新聞朝刊平成 30 年 11 月 28 日 21 頁「質問と回答」］。
　また、本文で示した読売新聞の報道は、意識の変化や、年代による意識の差に言及している。それらに関しては、政木みき＝荒牧央「憲法をめぐる意識の変化といま──『日本人と憲法 2017』調査から」放送研究と調査 2017 年 10 月号（平成 29 年）18-19 頁参照。

(59) 元号使用義務に関しては、阿久津・前掲注（32）21 頁、井田・前掲注（50）93 頁参照。
　なお、昭和 54 年 4 月 17 日、第 87 回国会衆議院内閣委員会で、清水汪内閣官房内閣審議室長兼内閣総理大臣官房審議室長（当時）は、元号の使用に関して、次の答弁をした。「いずれにいたしましても、この元号法案［著者注：元号法案（第 87 回国会閣法第 2 号）］が成立をさせていただきました暁におきましても、一般国民が元号によって年を表示していくかあるいは西暦によっていくかという点につきましては、法は何ら拘束もしないし義務づけもしておりません」。
　また、昭和 54 年 4 月 17 日、第 87 回国会衆議院内閣委員会で、真田秀夫内閣法制局長官（当時）は、元号の使用に関して、次の答弁をした。「私が申し上げましたのは非常に冷ややかな法律論を申し上げたのでございまして、その趣旨は、この法案［著者注：元号法案（第 87 回国会閣法第 2 号）］が成立いたしましても、この法律ができたからということから直接に強制、たとえ公務員であっても新しい元号の使用が強制されるという効果は出てこない。これははっきり申し上げているのです。ただ公務員でございますから、公務員法が適用になりまして、国家公務員法の九十八条というのをごらんになりますと、公務員は法令に従わなければならない、また職務上の上司の命令が出ればそれに従わなければならない、こう書いてあるわけなんで、そのうちの前段の法令に従わなければならないという場合のその肝心の法令が、今度の元号法案で申しますと、その元号法からは使用の強制は全然出てこない。したがって、後段の上司の命令があれば、職務上たとえば公文書をつくる際に元号を使いなさいということが合理的な必要によって、たとえば統一ある、あるいは効率的な行政の運営というような合理的理由に基づいて上司が職務上の命令を出せば、それは法律の効果ということでなくて、その上司の職務上の命令に根拠を置いてそれに従わなければならないという効果が出てまいります、こういう趣旨でございます」。
　そしてまた、昭和 54 年 4 月 11 日、第 87 回国会衆議院内閣委員会で、真田秀夫内閣法制局長官（当時）は、元号の使用に関して、次の答弁をした。「とにかく旧憲法下における元号は、国の元首であり、かつ統治権の総攬者である天皇

がお決めになったものであって、はっきり使用についての規定はございませんけれども、恐らくその趣旨は、朕が定めた元号だから国民よ使えよという御趣旨がその裏にはあったのだろうと思うのですね。ところが現在はそういう性格は持っておらない。ましていわんや、先ほど来申していますように、新法案〔著者注：元号法案（第87回国会閣法第2号）〕に基づく元号も国民に対してこれを用いよというようなことを、そういう使用についての強制力、命令、それに近いような性格、そういうものは持っていません。そういう点で性格上違うという意味でございます」。

(60) 内閣制度百年史編纂委員会編・前掲注 (5) 644頁。
(61) 平成30年11月30日、第197回国会衆議院内閣委員会で、元号・西暦の使用に関して、質疑応答がされた。以下、その質疑応答を示す。

　平成30年11月30日、第197回国会衆議院内閣委員会で、森田俊和衆議院議員は、次の質問をした。「元号の切りかえに関してのことなんですけれども、まず、国の文書において、元号、西暦、どんなような割合で使用されておられるでしょうか」。

　その質問に対して、嶋田裕光内閣府大臣官房総括審議官は、次の答弁をした。「お答えいたします。公的機関において作成される文書につきましては、従来から慣行により元号が使用されてきたところでございます。ただ、西暦の使用を認めないものではございませんけれども、文書全体の分量が大変膨大でございますことから、元号使用と西暦使用の割合を具体的にちょっとお示しするのは困難と承知しております」。

(62) 伊藤・前掲注 (3) 155頁。
(63) 首相官邸ウェブサイト「天皇の退位等に関する皇室典範特例法の施行日について（諮問）」1頁。
(64) 首相官邸ウェブサイト「天皇の退位等に関する皇室典範特例法の施行日について（答申）」2頁。

　なお、内閣官房長官である菅義偉衆議院議員のオフィシャルブログには、天皇の退位等に関する皇室典範特例法の施行日に関する皇室会議の意見に関して、次の内容がある。「特例法（著者注：天皇の退位等に関する皇室典範特例法）の施行日は、天皇陛下の御退位と皇太子殿下の御即位がつつがなく行われ、皇位継承に伴う国民生活の影響を考慮しつつ、国民がこぞってお祝いするに相応しい日を選択する必要があると考えられます。皇室会議では、こうした観点から、(1) 天皇陛下に平成31年1月7日の御在位30周年の節目をお迎えいただきたいこと (2) 4月前半は全国的に人の移動が激しく、各種行事も盛んに行われる

こと（3）平成31年4月に統一地方選挙が実施される見込みであること（4）4月29日の昭和の日に続いて、御退位、御即位を実現することにより、改めて我が国の営みを振り返り、決意を新たにすることができることなどを考慮して、平成31年4月30日の御退位が適当であると判断されたものと考えています」〔菅義偉衆議院議員オフィシャルブログ「天皇陛下の御退位について皇室会議を開催（平成29年12月2日）」〕。ちなみに、平成29年12月1日、記者会見で、菅義偉内閣官房長官は、同趣旨の発言をした〔首相官邸ウェブサイト「平成29年12月1日（金）午前内閣官房長官記者会見」参照〕。

(65) 首相官邸ウェブサイト「平成29年12月1日皇室会議についての会見」。

(66) 平成29年12月8日、記者会見で、菅義偉内閣官房長官は、天皇の退位等に関する皇室典範特例法の施行期日を定める政令に関して、次の発言をした。「本日、天皇の退位等に関する皇室典範特例法の施行期日を定める政令を閣議決定いたしました。この政令は、先般の皇室会議の意見を踏まえ、天皇陛下の御退位日となる皇室典範特例法の施行日を、平成31年4月30日とするものです。政府としては、御退位日に向けて、関係省庁の連携の下で具体的な準備を一層着実に進め、国民がこぞって寿（ことほ）ぐ中で、天皇陛下の御退位と皇太子殿下の御即位がつつがなく行われるよう、最善を尽くしてまいります」〔首相官邸ウェブサイト「平成29年12月8日（金）午前内閣官房長官記者会見」〕。

(67) 首相官邸ウェブサイト「天皇の退位等に関する皇室典範特例法について」。

(68) 首相官邸・前掲注(66)、岡山県ウェブサイト「平成30年1月25日開催全国都道府県財政課長・市町村担当課長合同会議資料25官房総務課関係資料」2頁。

なお、元号法2項に関しては、清水・前掲注(17)参照。

(69) 内閣制度百年史編纂委員会編・前掲注(5) 643頁、米田雄介編『歴代天皇・年号事典』（吉川弘文館、平成15年）14-15頁。

(70) 首相官邸ウェブサイト「平成30年1月9日（火）午前内閣官房長官記者会見」。

なお、衆議院調査局「各委員会所管事項の動向——第196回国会（常会）における課題等」（平成30年）には、天皇陛下の御退位及び皇太子殿下の御即位に伴う式典準備委員会・改元に関して、次の内容がある。「退位・即位に伴う儀式について、平成30年1月9日に内閣に設置された『天皇陛下の御退位及び皇太子殿下の御即位に伴う式典準備委員会』において検討が進められているところである。なお、改元の手続等については、同準備委員会とは別に政府において検討が行われることになるとされている」〔衆議院調査局「各委員会所管事項の動向——第196回国会（常会）における課題等」（平成30年）13頁〕。

(71) 首相官邸ウェブサイト「天皇陛下の御退位及び皇太子殿下の御即位に伴う式典準備委員会根拠・構成員」1頁。
(72) 首相官邸ウェブサイト「平成30年3月30日（金）午前内閣官房長官記者会見」。
(73) 首相官邸ウェブサイト「平成30年4月3日（火）午前内閣官房長官記者会見」。
(74) 首相官邸ウェブサイト「天皇陛下の御退位及び皇太子殿下の御即位に伴う式典準備委員会天皇陛下の御退位及び皇太子殿下の御即位に伴う国の儀式等の挙行に係る基本方針について（平成30年4月3日閣議決定）」1頁。
(75) 首相官邸・前掲注（74）1頁。
(76) 首相官邸・前掲注（74）1-2頁。
(77) 首相官邸ウェブサイト「天皇陛下の御退位及び皇太子殿下の御即位に伴う式典準備委員会第2回資料3天皇陛下御在位三十年記念式典について（案）」1頁。
(78) 首相官邸・前掲注（74）2頁。
　なお、天皇の退位等に関する皇室典範特例法施行令（平成30年政令第44号）1条は、退位の礼に関して、「天皇の退位等に関する皇室典範特例法（以下『法』という。）第二条の規定による天皇の退位に際しては、退位の礼を行う」と規定している。
(79) 首相官邸ウェブサイト「天皇陛下の御退位及び皇太子殿下の御即位に伴う式典準備委員会第3回議事概要」5頁。
(80) 首相官邸ウェブサイト「天皇陛下の御退位及び皇太子殿下の御即位に伴う式典準備委員会第1回議事概要」2-3頁。
(81) 平成31年3月6日、第198回国会参議院予算委員会で、安倍晋三内閣総理大臣は、剣璽等承継の儀に関して、次の答弁をした。「剣璽でございますが、皇室経済法第七条に規定される皇位とともに伝わる由緒ある物である剣璽は、本年五月一日午前零時の皇位の継承と同時に新天皇に継承されることになるわけでございまして、政府、私とか政府が一時預かるということはないわけでございまして、ぎりぎりまで、御退位になるまで今上陛下、そして、五月一日の午前零時をもって皇位の継承が行われますが、その同時に新天皇に継承されることになるわけでございまして、このようなことから、このまさに剣璽を政府が継承が行われるまでの間預かるということにはならないということでございまして、どうか御安心をいただきたいと、こう思います。なお、これを前提に、新天皇が剣璽等を継承されたことを国民の代表の前で目に見える形で公にする国事行為たる儀式として、剣璽等承継の儀を新天皇の御即位後速やかに行うこと

としているところでございます」。
　なお、皇室経済法（昭和22年法律第4号）7条は「皇位とともに伝わるべき由緒ある物は、皇位とともに、皇嗣が、これを受ける」と規定している。
(82)　首相官邸・前掲注（74）2-3頁。
　なお、皇室典範24条は、即位の礼に関して、「皇位の継承があつたときは、即位の礼を行う」と規定している。
(83)　宮内庁ウェブサイト「ご即位・立太子・成年に関する用語」。
(84)　首相官邸・前掲注（80）2-3頁。
(85)　首相官邸ウェブサイト「天皇陛下の御退位及び皇太子殿下の御即位に伴う式典準備委員会大嘗祭の挙行について（平成30年4月3日閣議口頭了解）」1頁。
　なお、「大嘗祭の挙行について（平成30年4月3日閣議口頭了解）」が言及している「『即位の礼』・大嘗祭の挙行等について（平成元年12月21日閣議口頭了解）」は、次のとおりだ。「1　即位の礼準備委員会は、本年9月26日の閣議決定により、内閣に設置され、『即位の礼』の儀式の在り方等について、憲法の趣旨に沿い、かつ、皇室の伝統等を尊重したものとするとの観点から、慎重な検討を行ってきたところであるが、今般、別紙のとおり検討結果を取りまとめた。2　次に、即位の礼準備委員会におけるこのような検討結果を受けて、大嘗祭は、皇室の行事として行われることとなり、宮内庁においては、現在、慎重に検討を行っているが、その骨子について、宮内庁資料のとおり、取りまとめられた。3　以上の検討結果を踏まえて、政府としては、今後、関係省庁における諸般の準備を取り進めていくこととする」［首相官邸ウェブサイト「天皇陛下の御退位及び皇太子殿下の御即位に伴う式典準備委員会第2回参考資料1平成の御代替わり時における式典の挙行内容に関する閣議決定等」7頁］。
　そして、「『即位の礼』・大嘗祭の挙行等について（平成元年12月21日閣議口頭了解）」の別紙には、大嘗祭の意義に関して、次の内容がある。「大嘗祭は、稲作農業を中心とした我が国の社会に古くから伝承されてきた収穫儀礼に根ざしたものであり、天皇が即位の後、初めて、大嘗宮において、新穀を皇祖及び天神地祇にお供えになって、みずからお召し上がりになり、皇祖及び天神地祇に対し、安寧と五穀豊穣などを感謝されるとともに、国家・国民のために安寧と五穀豊穣などを祈念される儀式である。それは、皇位の継承があったときは、必ず挙行すべきものとされ、皇室の長い伝統を受け継いだ、皇位継承に伴う一世に一度の重要な儀式である」［首相官邸ウェブサイト「天皇陛下の御退位及び皇太子殿下の御即位に伴う式典準備委員会第2回参考資料1平成の御代替わり時における式典の挙行内容に関する閣議決定等」9頁］。

また、「『即位の礼』・大嘗祭の挙行等について（平成元年12月21日閣議口頭了解）」の別紙には、大嘗祭の費用等に関して、次の内容がある。「大嘗祭は、前記のとおり、収穫儀礼に根ざしたものであり、伝統的皇位継承儀式という性格を持つものであるが、その中核は、天皇が皇祖及び天神地祇に対し、安寧と五穀豊穣などを感謝されるとともに、国家・国民のために安寧と五穀豊穣などを祈念される儀式であり、この趣旨・形式等からして、宗教上の儀式としての性格を有すると見られることは否定することができず、また、その態様においても、国がその内容に立ち入ることにはなじまない性格の儀式であるから、大嘗祭を国事行為として行うことは困難であると考える。次に、大嘗祭を皇室の行事として行う場合、大嘗祭は、前記のとおり、皇位が世襲であることに伴う、一世に一度の極めて重要な伝統的皇位継承儀式であるから、皇位の世襲制をとる我が国の憲法の下においては、その儀式について国としても深い関心を持ち、その挙行を可能にする手だてを講ずることは当然と考えられる。その意味において、大嘗祭は、公的性格があり、大嘗祭の費用を宮廷費から支出することが相当であると考える」［首相官邸ウェブサイト「天皇陛下の御退位及び皇太子殿下の御即位に伴う式典準備委員会第2回参考資料1平成の御代替わり時における式典の挙行内容に関する閣議決定等」9頁］。

(86) 首相官邸ウェブサイト「天皇陛下の御退位及び皇太子殿下の御即位に伴う式典委員会根拠・構成員」1頁。

(87) 宮内庁ウェブサイト「大礼委員会第1回議事概要」1頁。
　なお、大礼委員会設置内規1条は「大礼に関する重要事項を審議し、その執行の円滑化を図るため、宮内庁に大礼委員会（以下『委員会』という。）を置く」と規定している［宮内庁ウェブサイト「大礼委員会根拠・構成員」1頁］。

(88) 首相官邸ウェブサイト「天皇陛下の御退位及び皇太子殿下の御即位に伴う式典実施連絡本部根拠・構成員」1頁。

(89) 首相官邸ウェブサイト「天皇陛下の御退位及び皇太子殿下の御即位に伴う式典委員会立皇嗣の礼の挙行日について」1頁。

(90) 首相官邸ウェブサイト「天皇陛下の御退位及び皇太子殿下の御即位に伴う式典委員会第1回議事概要」4頁。

(91) 首相官邸ウェブサイト「天皇陛下の御退位及び皇太子殿下の御即位に伴う式典委員会即位礼正殿の儀等の参列者数等について」1頁。

(92) 首相官邸・前掲注（91）1頁。

(93) 内閣府ウェブサイト「『天皇の即位の日及び即位礼正殿の儀の行われる日を休日とする法律』について」。

(94) 平成30年11月30日、第197回国会衆議院内閣委員会で、嶋田裕光内閣府大臣官房総括審議官は、本文で述べたことに関して、次の答弁をした。「来年五月の一日の即位の日は、国民の祝日として、祝日法の規定の第三条三項が適用されることによりまして、祝日と祝日に挟まれた平日が休日になりますので、結果として、来年四月の三十日と五月の二日が国民の休日となります。これによりまして、土曜日、日曜日も含めれば、(中略)四月二十七日から数えますと十連休というようなことになります」。
(95) 時事通信ウェブサイト「10連休、『改元特需』＝海外旅行の予約殺到―今年のゴールデンウイーク」。
(96) 「即位日等休日法の施行に伴う大型連休への対応について(平成31年2月25日即位日等休日法の円滑な施行に関する関係省庁等連絡会議)」1頁、3-4頁。
(97) 平成30年7月6日、法務大臣臨時記者会見で、記者が、オウム真理教の事件に関する死刑執行について、次の質問をした。「刑の執行なのですがなぜこの時期になったのか」。
　その質問に対して、上川陽子法務大臣(当時)は、次の発言をした。「なぜこの時期にという御質問についても、個々の死刑執行に対する判断に関わる事柄であり、お答えは差し控えさせていただきたいと思います。一般論として申し上げると、死刑執行に関しては、個々の事案について、関係記録を十分に精査し、刑の執行停止、また、再審事由の有無について、慎重に検討し、これらの事由等がないと認めた場合に初めて死刑執行命令を発することとしています。今回も同様の慎重な検討を経て、死刑執行命令を発したところです」[法務省ウェブサイト「平成30年7月6日(金)法務大臣臨時記者会見の概要」]。
　なお、死刑執行に関して補足しておくと、刑事訴訟法(昭和23年法律第131号)475条1項は「死刑の執行は、法務大臣の命令による」と規定し、同法475条2項は「前項の命令は、判決確定の日から六箇月以内にこれをしなければならない。但し、上訴権回復若しくは再審の請求、非常上告又は恩赦の出願若しくは申出がされその手続が終了するまでの期間及び共同被告人であつた者に対する判決が確定するまでの期間は、これをその期間に算入しない」と規定し、同法476条は「法務大臣が死刑の執行を命じたときは、五日以内にその執行をしなければならない」と規定している。
　また、死刑執行に関する答弁書としては、例えば、安倍晋三内閣総理大臣『参議院議員福島みずほ君提出死刑制度における手続き的問題に関する質問に対する答弁書(平成30年7月27日)』、安倍晋三内閣総理大臣『参議院議員水野賢一君提出死刑の執行に関する質問に対する答弁書(平成27年7月31日)』があ

(98) NHK ウェブサイト「オウム真理教事件死刑執行」参照。
(99) 朝日新聞朝刊平成 30 年 7 月 7 日 2 頁「7 人異例の同時執行」。
(100) 毎日新聞朝刊平成 30 年 7 月 7 日 3 頁「死刑執行平成のうちに」。
(101) 読売新聞朝刊平成 30 年 7 月 27 日 3 頁「限られた執行時期」。
(102) 首相官邸・前掲注 (1)。
(103) 平成 30 年 11 月 28 日、第 197 回国会衆議院内閣委員会で、菅義偉内閣官房長官は、本文で述べたことに関して、次の答弁をした。「天皇の退位等に関する皇室典範特例法第二条の規定による皇太子殿下の御即位が、来年五月一日に行われます。また、即位礼正殿の儀は、御即位を公に宣明されるとともに、その御即位を内外の代表がことほぐ儀式であり、国事行為として、来年十月二十二日に行われます。これらを踏まえ、本法律案（著者注：天皇の即位の日及び即位礼正殿の儀の行われる日を休日とする法律案）は、皇太子殿下の御即位に際しまして、国民こぞって祝意を表するため、即位の日及び即位礼正殿の儀の行われる日を休日とするものであります」。
(104) 岐阜新聞朝刊平成 31 年 2 月 19 日 28 頁「徹夜おどりで改元祝おう」。
　　なお、重要無形民俗文化財「郡上踊」に関しては、国指定文化財等データベースウェブサイト「郡上踊」参照。
(105) 一世一元制に関しては、内閣制度百年史編纂委員会編・前掲注 (5) 643 頁参照。
　　なお、昭和 54 年 4 月 10 日、第 87 回国会衆議院内閣委員会で、村田敬次郎衆議院議員（当時）は、一世一元制に関して、次の質問をした。「元号法案［著者注：元号法案（第 87 回国会閣法第 2 号）］はその第二項で『元号は、皇位の継承があった場合に限り改める。』こう規定をしております。これは一世一元制を意味しておると思いますが、いかがですか」。
　　その質問に対して、三原朝雄総理府総務長官（当時）は、次の答弁をした。「お答えをいたします。御指摘のように、一世一元制を意味したものでございます」。
(106) NHK・前掲注 (16)。
　　なお、平成 30 年 12 月 6 日、共同通信は、新元号公表の日程に関して、次の報道をした。「政府は来年 5 月 1 日の新天皇即位に伴って改める新元号の公表時期を、4 月 1 日以降とする方向で調整に入った。4 月 10 日に天皇陛下の即位 30 年を祝う式典が開催された後の、4 月 11 日以降とする案が有力となっている。国民生活への影響を避けるため、事前公表の方針を維持する一方、事前公表に

否定的な自民党内の保守派に配慮し、改元までの期間を短縮する。安倍晋三首相が年内にも最終判断する」［共同通信ウェブサイト「新元号公表、4月11日以降有力」］。

　また、平成31年1月5日、朝日新聞は、新元号公表の日程に関して、次の報道をした。「新しい元号は4月1日に閣議決定・公表されることが正式に決まった。政府は終始、『生前退位のメリットを生かす』（首相官邸幹部）と事前公表の方針だったが、保守派との調整が長引いたこともあり、その時期は紆余曲折を経ながら遅れ続けた。政府は当初、2018年中に公表することを前提に、夏ごろの公表も検討した。しかし、保守派から『早すぎる公表は今の陛下に失礼』との声があがり、19年2月24日に開く天皇陛下在位30年記念式典より後の公表が有力になった。保守派は勢いづいた。日本会議国会議員懇談会は昨年7月、事前公表に反対で一致。8月には新天皇による公布を求めて首相官邸に申し入れをした。政府は保守派への配慮から、保守系議員らが中心となって19年4月10日に開く天皇陛下即位30年を祝う集いの後も検討したが、『改元1カ月前の公表』を想定して官民のシステム改修が進んでいることを重視。4月1日の公表を決めた」［朝日新聞朝刊平成31年1月5日3頁「新元号公表日　遅れた決定」］。

　以上で示した共同通信・朝日新聞の報道や本文で示したNHKの報道を見るとわかるように、2019年4月1日に新元号を公表するということ（②）が、あっさり決まったわけではない。

(107)　共同通信ウェブサイト「新天皇公布なら改元は5月2日　政府見解、保守派に伝達」。

(108)　安倍晋三内閣総理大臣『衆議院議員森山浩行君提出新元号の公表時期に関する質問に対する答弁書（平成31年3月26日）』は、次のとおりだ。「平成三十年五月十七日に『新元号への円滑な移行に向けた関係省庁連絡会議』（以下『連絡会議』という。）を開催するに当たり、改元に伴う改修を要する主要な情報システムを有する関係省庁等に、当該情報システムの改修の取組状況を事前に確認したところ、その時点においては個々の情報システムの改修作業に新たな元号の公表後一か月程度は必要であると想定されたこと、また、改修作業を円滑に進めるためには新たな元号の公表日として一定の日を想定して情報システム間の調整を行う必要があることが判明したことから、連絡会議においては、情報システムの改修等を円滑に進めるための作業上の便宜として、新たな元号の公表時期を改元の一か月前と想定し、所要の準備を進めることとしたものである」。

(109) 経済産業省ウェブサイト「改元に伴う情報システム改修等への対応について全国説明会を実施します」、経済産業省ウェブサイト「経済産業省商務情報政策局『改元に伴う情報システム改修等への対応について』」。
(110) 産経新聞朝刊平成31年1月22日6頁「本社・FNN世論調査主な質問と回答」、産経新聞朝刊平成31年1月22日1頁「北方領土『進展せず』72%」。
(111) NHKウェブサイト「『新元号 どうなるの？』（くらし☆解説）」、中日新聞朝刊平成31年1月5日1頁「新元号『4月1日公表』発表」。
(112) 首相官邸ウェブサイト「平成31年1月28日第百九十八回国会における安倍内閣総理大臣施政方針演説」参照。
(113) 時事通信ウェブサイト「『平成の、その先』7回連呼＝安倍首相、新時代到来を強調―施政方針演説」。
(114) 首相官邸ウェブサイト「平成30年1月22日第百九十六回国会における安倍内閣総理大臣施政方針演説」参照。
(115) 首相官邸ウェブサイト「平成29年1月20日第百九十三回国会における安倍内閣総理大臣施政方針演説」参照。
(116) 「元号選定手続検討会議の開催について（平成31年2月7日内閣総理大臣決裁）」には、次の内容がある。「天皇の退位等に関する皇室典範特例法（平成29年法律第63号）第2条の規定による皇位の継承に伴う改元に向けた手続等を検討するため、元号選定手続検討会議（中略）を開催する」［首相官邸・前掲注(7) 7頁］。
(117) 「皇位の継承に伴う改元に向けた手続について（平成31年2月8日元号選定手続検討会議決定）」には、次の内容がある。「天皇の退位等に関する皇室典範特例法（平成29年法律第63号）第2条の規定による皇位の継承に伴う改元に向けた手続については、下記のとおりとする。（中略）元号の選定手続については、平成改元時の手続を踏襲することとし、『元号選定手続について』（昭和54年10月23日閣議報告）に基づき行う」［首相官邸ウェブサイト「元号選定手続検討会議皇位の継承に伴う改元に向けた手続について（平成31年2月8日元号選定手続検討会議決定）」1頁］。
(118) 首相官邸ウェブサイト「平成31年2月8日（金）定例閣議案件議事録」5-6頁。
(119) 首相官邸ウェブサイト「新元号の選定について」、首相官邸ウェブサイト「新元号の選定について『元号選定手続について』（昭和54年10月23日閣議報告）」。
(120) NHKウェブサイト「新元号の考案 複数の有識者に正式委嘱 選定作業最終

段階へ」。

　なお、委嘱の日付に関しては、首相官邸ウェブサイト「新元号の選定について」参照。
(121) 首相官邸ウェブサイト「平成31年3月25日（月）午前内閣官房長官記者会見」参照。

　なお、平成31年3月13日、第198回国会参議院予算委員会で、吉岡秀弥内閣官房内閣参事官は、委嘱に関して、次の答弁をしていた。「高い識見を有する者というお尋ねでございますけれども、新たな元号の選定手続におきましては、元号に関し高い識見を有する者に候補名の考案を委嘱することとなります。その考案者は、国文学、漢文学、日本史学、又は東洋史学等についての学識を有する方の中から委嘱することになると考えております。現時点におきましては、まだ決まっておりません。今後、正式に委嘱手続を進めることとなります」。
(122) 朝日新聞朝刊平成31年3月29日1頁「新元号1日昼前めど」。
(123) 茶園成樹編『商標法』（有斐閣、第2版、平成30年）43頁。
(124) 茶園編・前掲注（123）10頁。
(125) 特許庁「商標審査基準〔改定第13版〕」（平成29年）第1―八―4。
(126) 特許庁「商標審査基準〔改定第14版〕」（平成31年）第1―八―4。
(127) 特許庁ウェブサイト「元号に関する商標の取扱いについて平成30年6月」参照。
(128) NHKウェブサイト「新元号は商標登録できません　特許庁」。

　なお、その商標審査基準改定に関して、特許庁に問い合わせたところ、平成31年3月22日、次の趣旨の回答を得た。「改元を控え、商標審査基準を精査したときに、元号の商標について現在の運用に適合した基準の明確化を図る必要があると判断した」。
(129) 首相官邸ウェブサイト「平成31年3月29日（金）午前内閣官房長官記者会見」。
(130) 首相官邸・前掲注（129）参照。

　なお、平成31年3月30日、毎日新聞は、平成31年4月1日の安倍晋三内閣総理大臣の記者会見に関して、次の報道をした。「安倍晋三首相は4月1日の新元号発表後、記者会見で（著者注：改元に関する）首相談話を自ら発表する。1989年（著者注：1月7日）に平成への改元を発表した際は、当時の小渕恵三官房長官が『平成』の墨書を掲げ、竹下登首相の談話も読み上げた。首相官邸関係者は『安倍首相はこだわっていなかった』と明かすが、支持基盤でもある保守派の一部から首相による新元号発表を望む声があることにも配慮。菅義偉

官房長官が（著者注：新元号を）発表した上で、談話を首相自身が発表する形に落ち着いた」［毎日新聞朝刊平成31年3月30日2頁「元号発表 前例を微修正」］。

また、平成31年4月1日、記者会見で、記者が、平成31年4月1日の安倍晋三内閣総理大臣の記者会見に関して、次の質問をした。「総理、平成の改元時とは異なりまして、今回、総理が自ら談話を読み上げる判断をされた理由を改めてお聞かせください」。

その質問に対して、安倍晋三内閣総理大臣は、次の発言をした。「平成の改元時には、当時の竹下総理の談話が発表されています。当時は総理大臣が会見を行うということは極めてまれでありましたが、平成の30年を経て、総理大臣が直接発信する機会も増大しました。私自身、何らかの出来事があると、官邸に入る際などに記者の皆さんから声がかかり、マイクを向けられることもあります。そうした時代にあって、平成のときと同様に、総理大臣談話を発表するのであれば、私自らが会見を開いて、国民の皆様に直接申し上げるべきだと、こう考えた次第であります」［首相官邸ウェブサイト「平成31年4月1日安倍内閣総理大臣記者会見」］。

(131) 首相官邸・前掲注（129）参照。

なお、平成31年3月5日、読売新聞は、「元号に関する懇談会」で政府が起用を検討している有識者として、次の9人をあげていた。①上田良一（NHK会長）、②大久保好男（日本民間放送連盟会長）、③鎌田薫（前早稲田大総長）、④榊原定征（前経団連会長）、⑤白石興二郎（日本新聞協会会長）、⑥寺田逸郎（前最高裁長官）、⑦林真理子（作家）、⑧宮崎緑（千葉商科大教授）、⑨山中伸弥（京大教授）［読売新聞朝刊平成31年3月5日2頁「元号懇に山中伸弥氏」］。

(132) 首相官邸・前掲注（129）参照。

なお、平成31年3月28日、時事通信は、新元号の原案の個数に関して、次の報道をしていた。「政府は新元号の原案を五つ以上とする方向だ」［時事通信ウェブサイト「新元号発表、昼前にも＝原案五つ以上に―政府、段取りを29日公表」］。

また、平成31年3月30日、日本経済新聞は、新元号の原案の個数や平成31年4月1日の流れに関して、次の報道をした。「4月1日の流れはこうだ。まず菅氏（著者注：菅義偉内閣官房長官）が横畠裕介内閣法制局長官の意見を聞いて最終的に5つ以上の原案を選ぶ。午前9時30分に有識者の懇談会を開いて意見を聞く。10時20分ごろから衆参両院の正副議長への意見聴取を始め、その後、全閣僚会議で協議。最後は臨時閣議を開いて新元号を記した政令を決定す

る」〔日本経済新聞朝刊平成 31 年 3 月 30 日 3 頁「元号 周知にも新しさ」〕。
(133) 総務省ウェブサイト「平成 31 年 3 月 29 日石田総務大臣閣議後記者会見の概要」。
(134) https://twitter.com/kantei/status/1111538154194898945。
なお、新元号公表インスタライブ予告に関しては、https://twitter.com/kantei/status/1111525004695396352 参照。
(135) フェイクニュースとは、主に SNS で流布される本物を偽った虚偽のニュースのこと。政治的あるいは信条的な世論誘導を目的としたもの、読者をからかうことを目的としたもの、SNS でのウケを狙ったものなどがある〔KDDI ウェブサイト「用語集フェイクニュース」〕。
なお、フェイクニュースに関しては、福長秀彦「流言・デマ・フェイクニュースとマスメディアの打ち消し報道──『大阪府北部の地震』の事例などから」放送研究と調査 2018 年 11 月号（平成 30 年）88 頁参照。
(136) 時事通信ウェブサイト「新元号、虚偽情報で混乱？＝発表日はエープリルフール」参照。
(137) 平成 31 年 4 月 2 日、読売新聞は、新元号の原案の選定に関して、次の報道をした。「政府は 3 月 14 日、国文学、漢文学、日本史学、東洋史学の 4 分野を専門とする学者の中から新元号の考案を正式に委嘱した。3 月下旬に 6 案に絞り込んだという。(中略) 菅官房長官は 4 月 1 日午前、横畠裕介内閣法制局長官から意見を聞き 6 案を正式に選んだ。出展は日本の古典と漢籍（著者注：中国の古典）が半分ずつだった」〔読売新聞朝刊平成 31 年 4 月 2 日 1 頁「5 月 1 日 平成から改元」〕。
(138) 朝日新聞朝刊平成 31 年 4 月 2 日 1 頁「新元号 万葉集から」。
(139) NHK ウェブサイト「『令和』選定手続き公開には『30 年程度必要』安倍首相」。
(140) 首相官邸・前掲注（120）。
なお、元号に関する懇談会のメンバーに関しては、前掲注（131）参照。
(141) 平成 31 年 3 月 5 日、時事通信は、元号に関する懇談会のメンバーに関して、次の報道をした。「前回改元時の懇談会では女性が 1 人だけだったが、女性活躍を掲げる安倍政権として 2 人に増やす。林氏（著者注：林真理子氏）に加え、宮崎緑・千葉商科大教授を選ぶ見通し」〔時事通信ウェブサイト「各界の意見幅広く＝女性増、財界・法曹界も―元号懇談会」〕。
なお、平成 31 年 2 月 12 日、第 198 回国会衆議院予算委員会で、安倍晋三内閣総理大臣は、女性活躍に関して、次の答弁をした。「安倍内閣においては、政

権発足直後から女性活躍の旗を高く掲げて、次々と政策を打ってまいりました」。
　　また、前回の元号に関する懇談会のメンバーに関しては、毎日新聞政治部・前掲注（15）31頁、読売新聞政治部・前掲注（15）348頁参照。
(142) 平成31年4月2日、NHKは、新元号の決定過程に関して、次の報道をした。「6つの原案は、一枚の紙に典拠とともに五十音順に並べた形で懇談会（著者注：元号に関する懇談会）の有識者などに示され、多くから『令和』を推す意見に加え、出典を日本の古典にするよう求める意見が出されたということです。これを受けて、全閣僚会議では、杉田官房副長官（著者注：杉田和博内閣官房副長官）が懇談会では『令和』に支持が集まったことを説明したあと、複数の閣僚が意見を述べましたが意見集約は行われず、最終的に安倍総理大臣に一任する形で『令和』が新元号に決まりました」[NHKウェブサイト「新元号6原案中4つは『英弘』『広至』『万和』『万保』」]。
(143) 首相官邸ウェブサイト「平成31年4月1日（月）午前内閣官房長官記者会見元号を改める政令及び元号の読み方に関する内閣告示について」。
(144) 首相官邸・前掲注（143）参照。
(145) 首相官邸・前掲注（143）参照。
(146) FNNPRIMEウェブサイト「『令和』以外の元号候補案は『万保』『万和』『広至』『久化』『英弘』と判明」。
(147) 首相官邸・前掲注（130）。
(148) 平成31年4月1日、NHKは、本文で述べたことに関して、次の報道をした。「日本の古典が出典の元号を初めて選んだことについて、安倍総理大臣は、各界の代表や有識者からなる『元号に関する懇談会』のメンバー全員に加え、閣僚のほとんどが、日本の古典から元号を選ぶよう求めていたなどと説明しました」[NHK・前掲注（139）]。
(149) 首相官邸・前掲注（130）。
(150) 中西進『萬葉集――全訳注原文付』（講談社、昭和59年）376頁。
(151) 中西・前掲注（150）376-377頁。
(152) 国立公文書館ウェブサイト「23 皇位継承の内閣告示について」。
(153) 首相官邸ウェブサイト「一億総活躍社会の実現」。
(154) 首相官邸・前掲注（130）。
(155) 首相官邸・前掲注（130）。
(156) 衆議院ウェブサイト「衆議院議長談話（平成31年4月1日）」。
(157) 参議院ウェブサイト「参議院議長談話（平成31年4月1日）」。
(158) テレビ朝日ウェブサイト「新元号『令和』外務省が195カ国に『Reiwa』と

通達」。
　なお、本文で示した報道内容に関しては、外務省ウェブサイト「河野外務大臣臨時会見記録（平成31年4月1日12時30分）」参照。
(159) 首相官邸・前掲注（120）。
(160) 造幣局ウェブサイト「年銘別貨幣製造枚数【平成30年銘】」2頁。
(161) 造幣局に問い合わせたところ、平成31年3月18日・同年4月1日、回答を得た。また、財務省に問い合わせたところ、同年4月1日、回答を得た。それらの回答の趣旨が、本文で述べたことだ。
　なお、平成31年3月27日、NHKは、貨幣に関して、次の報道をした。「大阪・北区にある造幣局では、1円や10円、100円など6種類の硬貨を製造していて、入り口にある土産物店では、平成31年と刻印された6種類の硬貨が入った『貨幣セット』が毎日数量限定で販売されています。来月1日に新しい元号が発表されるのを前に、この『貨幣セット』を買い求める人たちが連日大勢訪れていて、午前中に売り切れる日もあるということです。またインターネットなどでの通信販売でも、35万件の注文があったということです」[NHKウェブサイト「新元号前に平成31年と刻印された硬貨が人気」]。
(162) 時事通信ウェブサイト「新元号硬貨、夏にも＝西暦変更『全く検討せず』」。
(163) 産経新聞朝刊平成31年2月21日3頁「新元号硬貨7月発行」。
(164) 日本銀行に問い合わせたところ、平成31年3月19日、そういう趣旨の回答を得た。
(165) 朝日新聞朝刊平成31年3月1日33頁「5月1日　婚姻届受け付け　各地で特別窓口」。
(166) 一宮市ウェブサイト「5月1日に婚姻届受付の特設窓口を開設」。
(167) 経済産業省ウェブサイト「改元に伴う元号による年表示の取扱いについて（平成31年4月1日新元号への円滑な移行に向けた関係省庁連絡会議申合せ）」1-2頁。
(168) 国民生活センターウェブサイト「新元号への改元に便乗した消費者トラブルにご注意ください！」、NHKウェブサイト「改元に乗じた詐欺事件相次ぐ　被害に遭いかけた家族は…」参照。
(169) 経済産業省ウェブサイト「【FAQ】改元に伴う情報システムの改修等を進めていく上でよくご質問いただく事項について」2頁。
(170) 経済産業省・前掲注（169）2頁。
(171) 外務省ウェブサイト「ヘボン式ローマ字綴方表」参照。
(172) 財務省ウェブサイト「新しい日本銀行券及び五百円貨幣を発行します」。

(173) 財務省ウェブサイト「『現行の日本銀行券が使えなくなる』などを騙った詐欺行為（振り込め詐欺など）にご注意ください」、日本銀行ウェブサイト「日本銀行券の改刷および500円貨の改鋳について」3頁。
(174) 首相官邸・前掲注（120）。
　なお、首相官邸のウェブサイトでは、「元号に関する懇談会資料」や「全閣僚会議資料」も公表されている［首相官邸・前掲注（120）］。
(175) 首相官邸ウェブサイト「元号に関する懇談会議事概要」2頁。
(176) 首相官邸ウェブサイト「全閣僚会議議事概要」2頁。
(177) 首相官邸・前掲注（176）3頁。
(178) 首相官邸ウェブサイト「平成31年4月1日（月）臨時閣議案件議事録」2頁。

# 参考資料

**参考資料❶元号法（昭和 54 年法律第 43 号）**

### 元号法（昭和 54 年法律第 43 号）
1　元号は、政令で定める。
2　元号は、皇位の継承があつた場合に限り改める。
　　　附　則
1　この法律は、公布の日から施行する。
2　昭和の元号は、本則第一項の規定に基づき定められたものとする。


**参考資料❷元号を改める政令（平成 31 年政令第 143 号）**

### 元号を改める政令（平成 31 年政令第 143 号）
　内閣は、元号法（昭和五十四年法律第四十三号）第一項の規定に基づき、この政令を制定する。
　元号を令和に改める。
　　　附　則
　この政令は、天皇の退位等に関する皇室典範特例法（平成二十九年法律第六十三号）の施行の日（平成三十一年四月三十日）の翌日から施行する。

## 参考資料❸ 元号の読み方に関する内閣告示（平成31年内閣告示第1号）

### 元号の読み方に関する内閣告示（平成31年内閣告示第1号）

　元号を改める政令（平成三十一年政令第百四十三号）の規定により定められた元号の読み方は、次のとおりである。

　　令和（れいわ）


## 参考資料❹ 「改元に際しての内閣総理大臣談話（平成31年4月1日）」

### 「改元に際しての内閣総理大臣談話（平成31年4月1日）」

　本日、元号を改める政令を閣議決定いたしました。

　新しい元号は「令和」（れいわ）であります。

　これは、万葉集にある「初春の令月にして　気淑く風和ぎ　梅は鏡前の粉を披き　蘭は珮後の香を薫す」との文言から引用したものであります。そして、この「令和」には、人々が美しく心を寄せ合う中で、文化が生まれ育つ、という意味が込められております。

　万葉集は、1,200年余り前に編纂された日本最古の歌集であるとともに、天皇や皇族、貴族だけでなく、防人や農民まで、幅広い階層の人々が詠んだ歌が収められ、我が国の豊かな国民文化と長い伝統を象徴する国書であります。

　悠久の歴史と薫り高き文化、四季折々の美しい自然。こうした日本の国柄を、しっかりと次の時代へと引き継いでいく。厳しい寒さの後に春の訪れを告げ、見事に咲き誇る梅の花のように、一人ひとりの日本人が、明日への希望とともに、それぞれの花を大きく咲かせることができる。そうした日本でありたい、との願いを込め、「令和」に決定いたしました。文化を育み、自然の美しさを愛でることができる平和の日々に、心からの感謝の念を抱きながら、希望に満ち溢れた新しい時代を、国民の皆様と共に切り拓いていく。新元号の決定にあたり、その決意を新たにしております。

　5月1日に皇太子殿下が御即位され、その日以降、この新しい元号が用

いられることとなりますが、国民各位の御理解と御協力を賜りますようお願いいたします。政府としても、ほぼ200年ぶりとなる、歴史的な皇位の継承が恙なく行われ、国民こぞって寿ぐことができるよう、その準備に万全を期してまいります。

　元号は、皇室の長い伝統と、国家の安泰と国民の幸福への深い願いとともに、1,400年近くにわたる我が国の歴史を紡いできました。日本人の心情に溶け込み、日本国民の精神的な一体感を支えるものともなっています。この新しい元号も、広く国民に受け入れられ、日本人の生活の中に深く根ざしていくことを心から願っております。[178]

### 参考資料❺天皇の退位等に関する皇室典範特例法（平成29年法律第63号）

**天皇の退位等に関する皇室典範特例法（平成29年法律第63号）**

（趣旨）

第一条　この法律は、天皇陛下が、昭和六十四年一月七日の御即位以来二十八年を超える長期にわたり、国事行為のほか、全国各地への御訪問、被災地のお見舞いをはじめとする象徴としての公的な御活動に精励してこられた中、八十三歳と御高齢になられ、今後これらの御活動を天皇として自ら続けられることが困難となることを深く案じておられること、これに対し、国民は、御高齢に至るまでこれらの御活動に精励されている天皇陛下を深く敬愛し、この天皇陛下のお気持ちを理解し、これに共感していること、さらに、皇嗣である皇太子殿下は、五十七歳となられ、これまで国事行為の臨時代行等の御公務に長期にわたり精勤されておられることという現下の状況に鑑み、皇室典範（昭和二十二年法律第三号）第四条の規定の特例として、天皇陛下の退位及び皇嗣の即位を実現するとともに、天皇陛下の退位後の地位その他の退位に伴い必要となる事項を定めるものとする。

（天皇の退位及び皇嗣の即位）

第二条　天皇は、この法律の施行の日限り、退位し、皇嗣が、直ちに即位

する。
（上皇）
第三条　前条の規定により退位した天皇は、上皇とする。
2　上皇の敬称は、陛下とする。
3　上皇の身分に関する事項の登録、喪儀及び陵墓については、天皇の例による。
4　上皇に関しては、前二項に規定する事項を除き、皇室典範（第二条、第二十八条第二項及び第三項並びに第三十条第二項を除く。）に定める事項については、皇族の例による。
（上皇后）
第四条　上皇の后は、上皇后とする。
2　上皇后に関しては、皇室典範に定める事項については、皇太后の例による。
（皇位継承後の皇嗣）
第五条　第二条の規定による皇位の継承に伴い皇嗣となった皇族に関しては、皇室典範に定める事項については、皇太子の例による。

　　　　　附　則
（施行期日）
第一条　この法律は、公布の日から起算して三年を超えない範囲内において政令で定める日から施行する。ただし、第一条並びに次項、次条、附則第八条及び附則第九条の規定は公布の日から、附則第十条及び第十一条の規定はこの法律の施行の日の翌日から施行する。
2　前項の政令を定めるに当たっては、内閣総理大臣は、あらかじめ、皇室会議の意見を聴かなければならない。
（この法律の失効）
第二条　この法律は、この法律の施行の日以前に皇室典範第四条の規定による皇位の継承があったときは、その効力を失う。
（皇室典範の一部改正）
第三条　皇室典範の一部を次のように改正する。
　附則に次の一項を加える。

この法律の特例として天皇の退位について定める天皇の退位等に関する皇室典範特例法（平成二十九年法律第六十三号）は、この法律と一体を成すものである。
（上皇に関する他の法令の適用）
第四条　上皇に関しては、次に掲げる事項については、天皇の例による。
　一　刑法（明治四十年法律第四十五号）第二編第三十四章の罪に係る告訴及び検察審査会法（昭和二十三年法律第百四十七号）の規定による検察審査員の職務
　二　前号に掲げる事項のほか、皇室経済法（昭和二十二年法律第四号）その他の政令で定める法令に定める事項
2　上皇に関しては、前項に規定する事項のほか、警察法（昭和二十九年法律第百六十二号）その他の政令で定める法令に定める事項については、皇族の例による。
3　上皇の御所は、国会議事堂、内閣総理大臣官邸その他の国の重要な施設等、外国公館等及び原子力事業所の周辺地域の上空における小型無人機等の飛行の禁止に関する法律（平成二十八年法律第九号）の規定の適用については、同法第二条第一項第一号ホに掲げる施設とみなす。
（上皇后に関する他の法令の適用）
第五条　上皇后に関しては、次に掲げる事項については、皇太后の例による。
　一　刑法第二編第三十四章の罪に係る告訴及び検察審査会法の規定による検察審査員の職務
　二　前号に掲げる事項のほか、皇室経済法その他の政令で定める法令に定める事項
（皇位継承後の皇嗣に関する皇室経済法等の適用）
第六条　第二条の規定による皇位の継承に伴い皇嗣となった皇族に対しては、皇室経済法第六条第三項第一号の規定にかかわらず、同条第一項の皇族費のうち年額によるものとして、同項の定額の三倍に相当する額の金額を毎年支出するものとする。この場合において、皇室経済法施行法（昭和二十二年法律第百十三号）第十条の規定の適用については、同条第一

項中「第四項」とあるのは、「第四項並びに天皇の退位等に関する皇室典範特例法（平成二十九年法律第六十三号）附則第六条第一項前段」とする。
2　附則第四条第三項の規定は、第二条の規定による皇位の継承に伴い皇嗣となった皇族の御在所について準用する。

（贈与税の非課税等）

第七条　第二条の規定により皇位の継承があった場合において皇室経済法第七条の規定により皇位とともに皇嗣が受けた物については、贈与税を課さない。
2　前項の規定により贈与税を課さないこととされた物については、相続税法（昭和二十五年法律第七十三号）第十九条第一項の規定は、適用しない。

（意見公募手続等の適用除外）

第八条　次に掲げる政令を定める行為については、行政手続法（平成五年法律第八十八号）第六章の規定は、適用しない。
　一　第二条の規定による皇位の継承に伴う元号法（昭和五十四年法律第四十三号）第一項の規定に基づく政令
　二　附則第四条第一項第二号及び第二項、附則第五条第二号並びに次条の規定に基づく政令

（政令への委任）

第九条　この法律に定めるもののほか、この法律の施行に関し必要な事項は、政令で定める。

（国民の祝日に関する法律の一部改正）

第十条　国民の祝日に関する法律（昭和二十三年法律第百七十八号）の一部を次のように改正する。
　　　第二条中
「春分の日　　春分日　　　　　自然をたたえ、生物をいつくしむ。」
　を
「天皇誕生日　二月二十三日　　天皇の誕生日を祝う。
　春分の日　　春分日　　　　　自然をたたえ、生物をいつくしむ。」

に改め、「天皇誕生日　十二月二十三日　天皇の誕生日を祝う。」を削る。
（宮内庁法の一部改正）
第十一条　宮内庁法（昭和二十二年法律第七十号）の一部を次のように改正する。

　　附則を附則第一条とし、同条の次に次の二条を加える。
　第二条　宮内庁は、第二条各号に掲げる事務のほか、上皇に関する事務をつかさどる。この場合において、内閣府設置法第四条第三項第五十七号の規定の適用については、同号中「第二条」とあるのは、「第二条及び附則第二条第一項前段」とする。
　2　第三条第一項の規定にかかわらず、宮内庁に、前項前段の所掌事務を遂行するため、上皇職を置く。
　3　上皇職に、上皇侍従長及び上皇侍従次長一人を置く。
　4　上皇侍従長の任免は、天皇が認証する。
　5　上皇侍従長は、上皇の側近に奉仕し、命を受け、上皇職の事務を掌理する。
　6　上皇侍従次長は、命を受け、上皇侍従長を助け、上皇職の事務を整理する。
　7　第三条第三項及び第十五条第四項の規定は、上皇職について準用する。
　8　上皇侍従長及び上皇侍従次長は、国家公務員法（昭和二十二年法律第百二十号）第二条に規定する特別職とする。この場合において、特別職の職員の給与に関する法律（昭和二十四年法律第二百五十二号。以下この項及び次条第六項において「特別職給与法」という。）及び行政機関の職員の定員に関する法律（昭和四十四年法律第三十三号。以下この項及び次条第六項において「定員法」という。）の規定の適用については、特別職給与法第一条第四十二号中「侍従長」とあるのは「侍従長、上皇侍従長」と、同条第七十三号中「の者」とあるのは「の者及び上皇侍従次長」と、特別職給与法別表第一中「式部官長」とあるのは「上皇侍従長及び式部官長」と、定員法第一条第二項第二号中「侍従長」とあるのは「侍従長、上皇侍従長」と、「及び侍従次長」とあるのは「、侍

従次長及び上皇侍従次長」とする。
第三条　第三条第一項の規定にかかわらず、宮内庁に、天皇の退位等に関する皇室典範特例法（平成二十九年法律第六十三号）第二条の規定による皇位の継承に伴い皇嗣となつた皇族に関する事務を遂行するため、皇嗣職を置く。
2　皇嗣職に、皇嗣職大夫を置く。
3　皇嗣職大夫は、命を受け、皇嗣職の事務を掌理する。
4　第三条第三項及び第十五条第四項の規定は、皇嗣職について準用する。
5　第一項の規定により皇嗣職が置かれている間は、東宮職を置かないものとする。
6　皇嗣職大夫は、国家公務員法第二条に規定する特別職とする。この場合において、特別職給与法及び定員法の規定の適用については、特別職給与法第一条第四十二号及び別表第一並びに定員法第一条第二項第二号中「東宮大夫」とあるのは、「皇嗣職大夫」とする。

## 参考資料❻天皇の退位等に関する皇室典範特例法の施行期日を定める政令（平成 29 年政令第 302 号）

天皇の退位等に関する皇室典範特例法の施行期日を定める政令（平成 29 年政令第 302 号）

　内閣は、天皇の退位等に関する皇室典範特例法（平成二十九年法律第六十三号）附則第一条第一項の規定に基づき、この政令を制定する。
　天皇の退位等に関する皇室典範特例法の施行期日は、平成三十一年四月三十日とする。

## 参考資料❼天皇の退位等に関する皇室典範特例法施行令（平成 30 年政令第 44 号）

### 天皇の退位等に関する皇室典範特例法施行令（平成 30 年政令第 44 号）

　内閣は、天皇の退位等に関する皇室典範特例法（平成二十九年法律第六十三号）附則第四条第一項第二号及び第二項、第五条第二号並びに第九条の規定に基づき、この政令を制定する。

（退位の礼）

第一条　天皇の退位等に関する皇室典範特例法（以下「法」という。）第二条の規定による天皇の退位に際しては、退位の礼を行う。

（上皇に関し天皇の例による法令に定める事項）

第二条　法附則第四条第一項第二号の政令で定める法令に定める事項は、次のとおりとする。

　一　関税定率法（明治四十三年法律第五十四号）に定める関税の免除

　二　皇室経済法（昭和二十二年法律第四号）に定める事項

　三　皇室経済法施行法（昭和二十二年法律第百十三号）に定める事項

　四　輸入貿易管理令（昭和二十四年政令第四百十四号）に定める貨物の輸入の承認及び輸入割当てに関する事項

（上皇に関し皇族の例による法令に定める事項）

第三条　法附則第四条第二項の政令で定める法令に定める事項は、次のとおりとする。

　一　警察法（昭和二十九年法律第百六十二号）に定める皇宮警察に関する事項

　二　位階令（大正十五年勅令第三百二十五号）に定める事項

　三　地方税法施行令（昭和二十五年政令第二百四十五号）に定める固定資産税が非課税とされる車両

　四　警察法施行令（昭和二十九年政令第百五十一号）に定める国庫が支弁する経費

　五　自衛隊法施行令（昭和二十九年政令第百七十九号）に定める国賓等の輸送に関する事項

六　採用試験の対象官職及び種類並びに採用試験により確保すべき人材に関する政令（平成二十六年政令第百九十二号）に定める皇宮警察の分野に係る官職

（上皇后に関し皇太后の例による法令に定める事項）
第四条　法附則第五条第二号の政令で定める法令に定める事項は、次のとおりとする。
　一　国事行為の臨時代行に関する法律（昭和三十九年法律第八十三号）に定める事項
　二　第二条各号及び前条各号に掲げる事項
　　　附　　則
この政令は、法の施行の日（平成三十一年四月三十日）から施行する。

# 参考文献一覧

●書籍・論文等
- 阿久津正好「天皇陛下の退位を実現」時の法令 2035 号（平成 29 年）
- 飯田泰士『詳説天皇の退位――平成の終焉』（昭和堂、平成 30 年）
- 井田敦彦「改元をめぐる制度と歴史」レファレンス 811 号（平成 30 年）
- 伊藤正己『憲法』（弘文堂、第 3 版、平成 7 年）
- 井上清『元号制批判――やめよう元号を！』（明石書店、平成元年）
- 王福順「日本の年号の一考察――平成の改元を中心に」修平人文社會學報第九期（平成 19 年）
- 大森和夫『元号――「昭和のあと」はどうなる？』（長崎出版、昭和 51 年）
- 小沢春希「死刑をめぐる論点【第 2 版】」調査と情報 1013 号（平成 30 年）
- 小野昌延＝三山峻司『新・商標法概説』（青林書院、第 2 版、平成 25 年）
- 川口謙二＝池田政弘『元号事典』（東京美術、昭和 52 年）
- KDDI ウェブサイト「用語集フェイクニュース」
- 古賀信裕「改元とそれに伴う法律改正について」立法と調査 402 号（平成 30 年）
- 国民生活センターウェブサイト「新元号への改元に便乗した消費者トラブルにご注意ください！」
- 正林真之監修『会社の商標実務入門』（中央経済社、第 2 版、平成 29 年）
- 末吉亙『商標法』（中央経済社、新版第 4 版、平成 26 年）
- 菅義偉衆議院議員オフィシャルブログ「天皇陛下の御退位について皇室会議を開催（平成 29 年 12 月 2 日）」
- 鈴木武樹編『元号を考える』（現代評論社、昭和 52 年）
- 鈴木洋仁『「元号」と戦後日本』（青土社、平成 29 年）
- 園部逸夫『皇室制度を考える』（中央公論新社、平成 19 年）
- 園部逸夫『皇室法概論――皇室制度の法理と運用〔復刻版〕』（第一法規、平成 28 年）
- 高森明勅監修『天皇と元号の大研究――日本の歴史と伝統を知ろう』（PHP 研究

所、平成 30 年）
・瀧井一博「元号法再読」日文研 60 巻（平成 30 年）
・瀧川政次郎『元號考證』（永田書房、昭和 49 年）
・茶園成樹編『商標法』（有斐閣、第 2 版、平成 30 年）
・陳舜臣『元号の還暦』（中央公論社、平成 4 年）
・所功『年号の歴史――元号制度の史的研究』（雄山閣出版、増補版、平成元年）
・中西進『萬葉集――全訳注原文付』（講談社、昭和 59 年）
・中西進編『万葉集を学ぶ人のために』（世界思想社、平成 4 年）
・永原慶二＝松島栄一編『元号問題の本質』（白石書店、昭和 54 年）
・平尾正樹『商標法』（学陽書房、第 2 次改訂版、平成 27 年）
・福長秀彦「流言・デマ・フェイクニュースとマスメディアの打ち消し報道――『大阪府北部の地震』の事例などから」放送研究と調査 2018 年 11 月号（平成 30 年）
・法制執務用語研究会『条文の読み方』（有斐閣、平成 24 年）
・毎日新聞政治部『ドキュメント新元号平成』（角川書店、平成元年）
・政木みき＝荒牧央「憲法をめぐる意識の変化といま――『日本人と憲法 2017』調査から」放送研究と調査 2017 年 10 月号（平成 29 年）
・宮下茂「一般的国民投票及び予備的国民投票――検討するに当たっての視点」立法と調査 320 号（平成 23 年）
・宮下茂「憲法審査会における当面の課題――平成 25 年参議院議員通常選挙後の新勢力の下において」立法と調査 345 号（平成 25 年）
・山本博文編著『元号全 247 総覧』（悟空出版、平成 29 年）
・米田雄介編『歴代天皇・年号事典』（吉川弘文館、平成 15 年）
・読売新聞政治部『平成改元』（行研出版局、平成元年）

● 行政機関等の資料
・e-Gov ウェブサイト「パブリックコメント制度（意見公募手続制度）について」
・一宮市ウェブサイト「5 月 1 日に婚姻届受付の特設窓口を開設」
・岡山県ウェブサイト「平成 30 年 1 月 25 日開催全国都道府県財政課長・市町村担当課長合同会議資料 25 官房総務課関係資料」
・外務省ウェブサイト「河野外務大臣臨時会見記録（平成 31 年 4 月 1 日 12 時 30 分）」
・外務省ウェブサイト「ヘボン式ローマ字綴方表」
・気象庁ウェブサイト「気象庁が名称を定めた気象・地震・火山現象一覧」

- 宮内庁ウェブサイト「主な式典におけるおことば（平成元年）即位後朝見の儀平成元年1月9日（月）（宮殿）」
- 宮内庁ウェブサイト「主な式典におけるおことば（平成元年）天皇陛下のおことば」
- 宮内庁ウェブサイト「御諱（おんるい）追号奉告の儀（平成元年1月31日）」
- 宮内庁ウェブサイト「皇室会議（平成29年12月1日開催）の議事概要」
- 宮内庁ウェブサイト「皇室の構成図（平成31年3月1日現在）」
- 宮内庁ウェブサイト「ご結婚により、皇族の身分を離られた内親王及び女王」
- 宮内庁ウェブサイト「ご即位・大礼の主な儀式・行事」
- 宮内庁ウェブサイト「ご即位・立太子・成年に関する用語」
- 宮内庁ウェブサイト「ご略歴 天皇皇后両陛下」
- 宮内庁ウェブサイト「象徴としてのお務めについての天皇陛下のおことば」
- 宮内庁ウェブサイト「大礼委員会根拠・構成員」
- 宮内庁ウェブサイト「大礼委員会第1回議事概要」
- 宮内庁ウェブサイト「天皇系図」
- 宮内庁ウェブサイト「天皇皇后両陛下のおことばなど」
- 宮内庁ウェブサイト「東北地方太平洋沖地震に関する天皇陛下のおことば」
- 宮内庁ウェブサイト「Message from His Majesty The Emperor」
- 国指定文化財等データベースウェブサイト「郡上踊」
- 経済産業省ウェブサイト「【FAQ】改元に伴う情報システムの改修等を進めていく上でよくご質問いただく事項について」
- 経済産業省ウェブサイト「改元に伴う元号による年表示の取扱いについて（平成31年4月1日新元号への円滑な移行に向けた関係省庁連絡会議申合せ）」
- 経済産業省ウェブサイト「改元に伴う情報システム改修等への対応について全国説明会を実施します」
- 経済産業省ウェブサイト「経済産業省商務情報政策局『改元に伴う情報システム改修等への対応について』」
- 警察庁警備局「治安の回顧と展望（平成30年版）」（平成30年）
- 国立公文書館ウェブサイト「23 皇位継承の内旨告示について」
- 国立公文書館ウェブサイト「25 元号を改める政令」
- 国立公文書館ウェブサイト「30 親王殿下御誕生――御命名を新聞、通信社に発表の件」
- 国立公文書館ウェブサイト「35 皇太子殿下の婚姻に関する件」
- 財務省ウェブサイト「新しい日本銀行券及び五百円貨幣を発行します」

- 財務省ウェブサイト「『現行の日本銀行券が使えなくなる』などを騙った詐欺行為（振り込め詐欺など）にご注意ください」
- 参議院ウェブサイト「議案情報議案審議情報天皇の退位等に関する皇室典範特例法案」
- 参議院ウェブサイト「参議院議長謹話（平成28年8月8日）」
- 参議院ウェブサイト「参議院議長談話（平成31年4月1日）」
- 衆議院ウェブサイト「衆議院議長謹話（平成28年8月8日）」
- 衆議院ウェブサイト「衆議院議長談話（平成31年4月1日）」
- 衆議院ウェブサイト「天皇の退位等についての立法府の対応に関し各政党・各会派からの意見聴取平成29年2月20日出席者、会議の概要」
- 衆議院ウェブサイト「天皇の退位等についての立法府の対応に関し各政党・各会派からの意見聴取平成29年3月13日出席者、会議の概要」
- 衆議院ウェブサイト「天皇の退位等についての立法府の対応に関する全体会議平成29年1月19日議事録」
- 衆議院ウェブサイト「天皇の退位等についての立法府の対応に関する全体会議平成29年5月10日議事録」
- 衆議院ウェブサイト「天皇の退位等についての立法府の対応について」
- 衆議院ウェブサイト「天皇の退位等についての立法府の対応について（内閣総理大臣への議論のとりまとめの手交）平成29年3月17日出席者、概要」
- 衆議院ウェブサイト「法律案等審査経過概要第193回国会天皇の退位等に関する皇室典範特例法案（内閣提出第66号）」
- 衆議院調査局「各委員会所管事項の動向——第192回国会（臨時会）における課題等」（平成28年）
- 衆議院調査局「各委員会所管事項の動向——第193回国会（常会）における課題等」（平成29年）
- 衆議院調査局「各委員会所管事項の動向——第195回国会（特別会）における課題等」（平成29年）
- 衆議院調査局「各委員会所管事項の動向——第196回国会（常会）における課題等」（平成30年）
- 衆議院調査局「各委員会所管事項の動向——第197回国会（臨時会）における課題等」（平成30年）
- 衆議院調査局「各委員会所管事項の動向——第198回国会（常会）における課題等」（平成31年）
- 首相官邸ウェブサイト「一億総活躍社会の実現」

・首相官邸ウェブサイト「閣議（3）閣議付議案件」
・首相官邸ウェブサイト「元号選定手続検討会議皇位の継承に伴う改元に向けた手続について（平成 31 年 2 月 8 日元号選定手続検討会議決定）」
・首相官邸ウェブサイト「元号選定手続検討会議第 1 回議事次第・配布資料」
・首相官邸ウェブサイト「元号に関する懇談会議事概要」
・首相官邸ウェブサイト「元号に関する懇談会資料」
・首相官邸ウェブサイト「衆議院及び参議院の議長及び副議長意見伺い議事概要」
・首相官邸ウェブサイト「首相官邸メールマガジン平成 28 年 8 月 15 日」
・首相官邸ウェブサイト「新元号の選定について」
・首相官邸ウェブサイト「新元号の選定について『元号選定手続について』（昭和 54 年 10 月 23 日閣議報告）」
・首相官邸ウェブサイト「全閣僚会議議事概要」
・首相官邸ウェブサイト「全閣僚会議資料」
・首相官邸ウェブサイト「天皇の公務の負担軽減等に関する有識者会議根拠・構成員」
・首相官邸ウェブサイト「天皇の公務の負担軽減等に関する有識者会議第 2 回参考資料 4 退位した天皇の退位理由一覧」
・首相官邸ウェブサイト「天皇の公務の負担軽減等に関する有識者会議第 2 回参考資料 6 天皇陛下の即位に伴う主な儀式・行事一覧」
・首相官邸ウェブサイト「天皇の公務の負担軽減等に関する有識者会議第 2 回資料 2 天皇陛下の御活動の状況及び摂政等の過去の事例」
・首相官邸ウェブサイト「天皇の公務の負担軽減等に関する有識者会議第 7 回議事概要」
・首相官邸ウェブサイト「天皇の公務の負担軽減等に関する有識者会議第 14 回議事概要」
・首相官邸ウェブサイト「天皇の退位等に関する皇室典範特例法について」
・首相官邸ウェブサイト「天皇の退位等に関する皇室典範特例法の施行日について（諮問）」
・首相官邸ウェブサイト「天皇の退位等に関する皇室典範特例法の施行日について（答申）」
・首相官邸ウェブサイト「天皇陛下の御退位及び皇太子殿下の御即位に伴う式典委員会根拠・構成員」
・首相官邸ウェブサイト「天皇陛下の御退位及び皇太子殿下の御即位に伴う式典委員会即位礼正殿の儀等の参列者数等について」

- 首相官邸ウェブサイト「天皇陛下の御退位及び皇太子殿下の御即位に伴う式典委員会第1回議事概要」
- 首相官邸ウェブサイト「天皇陛下の御退位及び皇太子殿下の御即位に伴う式典委員会立皇嗣の礼の挙行日について」
- 首相官邸ウェブサイト「天皇陛下の御退位及び皇太子殿下の御即位に伴う式典実施連絡本部根拠・構成員」
- 首相官邸ウェブサイト「天皇陛下の御退位及び皇太子殿下の御即位に伴う式典準備委員会根拠・構成員」
- 首相官邸ウェブサイト「天皇陛下の御退位及び皇太子殿下の御即位に伴う式典準備委員会第1回議事概要」
- 首相官邸ウェブサイト「天皇陛下の御退位及び皇太子殿下の御即位に伴う式典準備委員会第2回参考資料1平成の御代替わり時における式典の挙行内容に関する閣議決定等」
- 首相官邸ウェブサイト「天皇陛下の御退位及び皇太子殿下の御即位に伴う式典準備委員会第2回資料3天皇陛下御在位三十年記念式典について（案）」
- 首相官邸ウェブサイト「天皇陛下の御退位及び皇太子殿下の御即位に伴う式典準備委員会第3回議事概要」
- 首相官邸ウェブサイト「天皇陛下の御退位及び皇太子殿下の御即位に伴う式典準備委員会大嘗祭の挙行について（平成30年4月3日閣議口頭了解）」
- 首相官邸ウェブサイト「天皇陛下の御退位及び皇太子殿下の御即位に伴う式典準備委員会天皇陛下の御退位及び皇太子殿下の御即位に伴う国の儀式等の挙行に係る基本方針について（平成30年4月3日閣議決定）」
- 首相官邸ウェブサイト「平成29年1月20日第百九十三回国会における安倍内閣総理大臣施政方針演説」
- 首相官邸ウェブサイト「平成29年11月22日（水）午前内閣官房長官記者会見」
- 首相官邸ウェブサイト「平成29年12月1日（金）午前内閣官房長官記者会見」
- 首相官邸ウェブサイト「平成29年12月1日皇室会議についての会見」
- 首相官邸ウェブサイト「平成29年12月8日（金）午前内閣官房長官記者会見」
- 首相官邸ウェブサイト「平成30年1月9日（火）午前内閣官房長官記者会見」
- 首相官邸ウェブサイト「平成30年1月22日第百九十六回国会における安倍内閣総理大臣施政方針演説」
- 首相官邸ウェブサイト「平成30年3月30日（金）午前内閣官房長官記者会見」
- 首相官邸ウェブサイト「平成30年4月3日（火）午前内閣官房長官記者会見」
- 首相官邸ウェブサイト「平成31年1月4日安倍内閣総理大臣年頭記者会見」

- 首相官邸ウェブサイト「平成31年1月28日第百九十八回国会における安倍内閣総理大臣施政方針演説」
- 首相官邸ウェブサイト「平成31年2月8日（金）午前内閣官房長官記者会見元号選定手続について」
- 首相官邸ウェブサイト「平成31年2月8日（金）定例閣議案件議事録」
- 首相官邸ウェブサイト「平成31年3月25日（月）午前内閣官房長官記者会見」
- 首相官邸ウェブサイト「平成31年3月29日（金）午前内閣官房長官記者会見」
- 首相官邸ウェブサイト「平成31年4月1日安倍内閣総理大臣記者会見」
- 首相官邸ウェブサイト「平成31年4月1日（月）午前内閣官房長官記者会見元号を改める政令及び元号の読み方に関する内閣告示について」
- 首相官邸ウェブサイト「平成31年4月1日（月）臨時閣議案件議事録」
- 造幣局ウェブサイト「年銘別貨幣製造枚数【平成30年銘】」
- 総務省ウェブサイト「平成31年3月29日石田総務大臣閣議後記者会見の概要」
- 総理府史編纂委員会編『総理府史』（内閣総理大臣官房、平成12年）
- 天皇の公務の負担軽減等に関する有識者会議「最終報告」（平成29年）
- 特許庁ウェブサイト「元号に関する商標の取扱いについて平成30年6月」
- 特許庁「商標審査基準〔改定第13版〕」（平成29年）
- 特許庁「商標審査基準〔改定第14版〕」（平成31年）
- 内閣制度百十周年記念史編集委員会編『内閣制度百年史下巻追録』（内閣官房、平成7年）
- 内閣制度百年史編纂委員会編『内閣制度百年史上巻』（大蔵省印刷局、昭和60年）
- 内閣制度百年史編纂委員会編『内閣制度百年史下巻』（大蔵省印刷局、昭和60年）
- 内閣府ウェブサイト「『国民の祝日』について」
- 内閣府ウェブサイト「『天皇の即位の日及び即位礼正殿の儀の行われる日を休日とする法律』について」
- 内閣府ウェブサイト「平成30年北海道胆振東部地震に係る被害状況等について（平成31年1月28日15:00現在）」
- 内閣府編「平成24年版防災白書」（平成24年）
- 内閣府編「平成30年版防災白書」（平成30年）
- 内閣法制局ウェブサイト「天皇の退位等に関する皇室典範特例法案の提出理由（第193回国会）」
- 日本銀行ウェブサイト「日本銀行券の改刷および500円貨の改鋳について」
- 法務省ウェブサイト「平成30年7月6日（金）法務大臣臨時記者会見の概要」
- 文部科学省ウェブサイト「昭和六十四年内閣告示第六号（元号を改める政令の規

定により定められた元号の読み方)」

●閣議決定等
・「元号選定手続について（昭和54年10月23日閣議報告）」
・「元号選定手続について（昭和54年10月23日閣議報告）（昭和59年6月29日一部改正〔7月1日施行〕）（昭和64年1月7日一部改正）」
・「改元に際しての内閣総理大臣談話（昭和64年1月7日）」
・「『元号選定手続について』の一部改正について（昭和64年1月7日閣議報告）」
・「『即位の礼』・大嘗祭の挙行等について（平成元年12月21日閣議口頭了解）」
・「天皇の公務の負担軽減等に関する有識者会議の開催について（平成28年9月23日内閣総理大臣決裁）」
・「天皇の退位等に関する皇室典範特例法の施行日について（諮問）平成29年11月22日閣総第591号」
・「天皇陛下の御退位及び皇太子殿下の御即位に伴う式典準備委員会の設置について（平成30年1月9日閣議決定）」
・「天皇陛下の御退位及び皇太子殿下の御即位に伴う式典の挙行に係る基本方針（平成30年3月30日天皇陛下の御退位及び皇太子殿下の御即位に伴う式典準備委員会決定）」
・「大嘗祭の挙行について（平成30年4月3日閣議口頭了解）」
・「天皇陛下の御退位及び皇太子殿下の御即位に伴う国の儀式等の挙行に係る基本方針について（平成30年4月3日閣議決定）」
・「天皇陛下の御退位及び皇太子殿下の御即位に伴う式典委員会の設置について（平成30年10月12日閣議決定）」
・「天皇陛下の御退位及び皇太子殿下の御即位に伴う式典実施連絡本部の設置について（平成30年10月12日内閣総理大臣決定）」
・「立皇嗣の礼の挙行日について（平成30年10月12日天皇陛下の御退位及び皇太子殿下の御即位に伴う式典委員会決定）」
・「即位礼正殿の儀等の参列者数等について（平成30年11月20日天皇陛下の御退位及び皇太子殿下の御即位に伴う式典委員会決定）」
・「元号選定手続検討会議の開催について（平成31年2月7日内閣総理大臣決裁）」
・「皇位の継承に伴う改元に向けた手続について（平成31年2月8日元号選定手続検討会議決定）」
・「即位日等休日法の施行に伴う大型連休への対応について（平成31年2月25日即位日等休日法の円滑な施行に関する関係省庁等連絡会議）」

・「改元に際しての内閣総理大臣談話(平成 31 年 4 月 1 日)」
・「改元に伴う元号による年表示の取扱いについて(平成 31 年 4 月 1 日新元号への円滑な移行に向けた関係省庁連絡会議申合せ)」

●国会答弁等(発言・答弁を引用する場合は、会議録から引用した。会議録の検索には、国立国会図書館ウェブサイト「国会会議録検索システム」、国立国会図書館ウェブサイト「帝国議会会議録検索システム」を用いた)

・昭和 21 年 12 月 5 日、第 91 回帝国議会衆議院本会議、金森徳次郎国務大臣(当時)答弁
・昭和 34 年 2 月 10 日、第 31 回国会衆議院内閣委員会、赤城宗徳内閣官房長官(当時)答弁
・昭和 49 年 4 月 2 日、第 72 回国会参議院内閣委員会、瓜生順良宮内庁次長(当時)答弁
・昭和 53 年 2 月 3 日、第 84 回国会衆議院予算委員会、真田秀夫内閣法制局長官(当時)答弁
・昭和 54 年 3 月 20 日、第 87 回国会衆議院内閣委員会、三原朝雄総理府総務長官(当時)答弁
・昭和 54 年 4 月 10 日、第 87 回国会衆議院内閣委員会、三原朝雄総理府総務長官(当時)答弁
・昭和 54 年 4 月 10 日、第 87 回国会衆議院内閣委員会、村田敬次郎衆議院議員(当時)発言
・昭和 54 年 4 月 11 日、第 87 回国会衆議院内閣委員会、真田秀夫内閣法制局長官(当時)答弁
・昭和 54 年 4 月 11 日、第 87 回国会衆議院内閣委員会、栂野泰二衆議院議員(当時)発言
・昭和 54 年 4 月 11 日、第 87 回国会衆議院内閣委員会、三原朝雄総理府総務長官(当時)答弁
・昭和 54 年 4 月 17 日、第 87 回国会衆議院内閣委員会、真田秀夫内閣法制局長官(当時)答弁
・昭和 54 年 4 月 17 日、第 87 回国会衆議院内閣委員会、清水汪内閣官房内閣審議室長兼内閣総理大臣官房審議室長(当時)答弁
・昭和 54 年 4 月 19 日、第 87 回国会衆議院内閣委員会、山本悟宮内庁次長(当時)答弁
・昭和 54 年 4 月 20 日、第 87 回国会衆議院内閣委員会、清水汪内閣官房内閣審議

室長兼内閣総理大臣官房審議室長（当時）答弁
・昭和54年4月20日、第87回国会衆議院内閣委員会、栩野泰二衆議院議員（当時）発言
・昭和54年5月8日、第87回国会参議院内閣委員会、真田秀夫内閣法制局長官（当時）答弁
・昭和54年5月29日、第87回国会参議院内閣委員会、真田秀夫内閣法制局長官（当時）答弁
・昭和54年5月29日、第87回国会参議院内閣委員会、清水汪内閣官房内閣審議室長兼内閣総理大臣官房審議室長（当時）答弁
・昭和54年5月31日、第87回国会参議院内閣委員会、清水汪内閣官房内閣審議室長兼内閣総理大臣官房審議室長（当時）答弁
・昭和60年12月10日、第103回国会衆議院内閣委員会、大森政輔内閣法制局第二部長（当時）答弁
・平成13年6月6日、第151回国会参議院憲法調査会、阪田雅裕内閣法制局第一部長（当時）答弁
・平成18年4月18日、第164回国会衆議院行政改革に関する特別委員会、中馬弘毅国務大臣（当時）答弁
・平成26年4月24日、第186回国会衆議院憲法審査会、橘幸信衆議院法制次長（当時）答弁
・平成29年6月1日、第193回国会衆議院議院運営委員会、菅義偉内閣官房長官答弁
・平成29年6月7日、第193回国会参議院天皇の退位等に関する皇室典範特例法案特別委員会、菅義偉内閣官房長官答弁
・平成30年11月28日、第197回国会衆議院内閣委員会、菅義偉内閣官房長官答弁
・平成30年11月30日、第197回国会衆議院内閣委員会、嶋田裕光内閣府大臣官房総括審議官答弁
・平成30年11月30日、第197回国会衆議院内閣委員会、森田俊和衆議院議員発言
・平成30年12月5日、第197回国会衆議院経済産業委員会、成田達治経済産業省大臣官房審議官答弁
・平成30年12月6日、第197回国会参議院内閣委員会、嶋田裕光内閣府大臣官房総括審議官答弁
・平成31年1月28日、第198回国会参議院本会議、安倍晋三内閣総理大臣答弁

・平成 31 年 1 月 28 日、第 198 回国会衆議院本会議、安倍晋三内閣総理大臣答弁
・平成 31 年 2 月 4 日、第 198 回国会衆議院予算委員会、長妻昭衆議院議員発言
・平成 31 年 2 月 12 日、第 198 回国会衆議院予算委員会、安倍晋三内閣総理大臣答弁
・平成 31 年 3 月 4 日、第 198 回国会参議院予算委員会、菅義偉内閣官房長官答弁
・平成 31 年 3 月 6 日、第 198 回国会参議院予算委員会、安倍晋三内閣総理大臣答弁
・平成 31 年 3 月 13 日、第 198 回国会参議院予算委員会、吉岡秀弥内閣官房内閣参事官答弁

●答弁書等
・森喜朗内閣総理大臣『衆議院議員金田誠一君提出閣議に関する質問に対する答弁書（平成 12 年 7 月 14 日）』
・安倍晋三内閣総理大臣『参議院議員水野賢一君提出死刑の執行に関する質問に対する答弁書（平成 27 年 7 月 31 日）』
・清水貴之参議院議員『新元号の公募に関する質問主意書（平成 29 年 1 月 20 日）』
・安倍晋三内閣総理大臣『参議院議員清水貴之君提出新元号の公募に関する質問に対する答弁書（平成 29 年 1 月 31 日）』
・安倍晋三内閣総理大臣『衆議院議員奥野総一郎君提出「元号」に関する質問に対する答弁書（平成 29 年 2 月 21 日）』
・小西洋之参議院議員『元号法第二項の解釈に関する質問主意書（平成 29 年 3 月 23 日）』
・安倍晋三内閣総理大臣『参議院議員小西洋之君提出元号法第二項の解釈に関する質問に対する答弁書（平成 29 年 3 月 31 日）』
・安倍晋三内閣総理大臣『衆議院議員逢坂誠二君提出皇室会議における菅官房長官の役割に関する質問に対する答弁書（平成 29 年 12 月 12 日）』
・安倍晋三内閣総理大臣『参議院議員福島みずほ君提出死刑制度における手続き的問題に関する質問に対する答弁書（平成 30 年 7 月 27 日）』
・安倍晋三内閣総理大臣『衆議院議員大西健介君提出新元号の公表時期に関する質問に対する答弁書（平成 30 年 11 月 9 日）』
・安倍晋三内閣総理大臣『衆議院議員森山浩行君提出新元号の公表時期に関する質問に対する答弁書（平成 31 年 3 月 26 日）』

●報道

- 朝日新聞朝刊平成29年1月11日「改元、国民生活を考慮」
- 朝日新聞朝刊平成29年1月11日「2019年元日から新元号」
- 朝日新聞朝刊平成30年7月7日「7人異例の同時執行」
- 朝日新聞朝刊平成31年1月5日「新元号公表日 遅れた決定」
- 朝日新聞朝刊平成31年3月1日「5月1日 婚姻届受け付け 各地で特別窓口」
- 朝日新聞朝刊平成31年3月29日「新元号 1日昼前めど」
- 朝日新聞朝刊平成31年4月2日「新元号 万葉集から」
- NHKウェブサイト「オウム真理教事件死刑執行」
- NHKウェブサイト「改元に乗じた詐欺事件相次ぐ 被害に遭いかけた家族は…」
- NHKウェブサイト「新元号 過去と重複判明しても『違法とはならない』」
- NHKウェブサイト「新元号4月1日閣議決定公表へ」
- NHKウェブサイト「『新元号 どうなるの？』（くらし☆解説）」
- NHKウェブサイト「新元号の考案 複数の有識者に正式委嘱 選定作業最終段階へ」
- NHKウェブサイト「新元号は商標登録できません 特許庁」
- NHKウェブサイト「新元号前に平成31年と刻印された硬貨が人気」
- NHKウェブサイト「新元号6原案中4つは『英弘』『広至』『万和』『万保』」
- NHKウェブサイト「新元号を探る 平成の次にくるのは？」
- NHKウェブサイト「即位30年と結婚60年 両陛下を昼食会でお祝い」
- NHKウェブサイト「天皇皇后両陛下 来月伊勢神宮へ 最後の地方訪問」
- NHKウェブサイト「天皇陛下『生前退位』の意向示される」
- NHKウェブサイト「『令和』選定手続き公開には『30年程度必要』安倍首相」
- FNNPRIMEウェブサイト「『令和』以外の元号候補案は『万保』『万和』『広至』『久化』『英弘』と判明」
- 岐阜新聞朝刊平成31年2月19日「徹夜おどりで改元祝おう」
- 共同通信ウェブサイト「新元号公表、4月11日以降有力」
- 共同通信ウェブサイト「新天皇公布なら改元は5月2日 政府見解、保守派に伝達」
- 産経新聞朝刊平成31年1月22日「北方領土『進展せず』72％」
- 産経新聞朝刊平成31年1月22日「本社・FNN世論調査主な質問と回答」
- 産経新聞朝刊平成31年2月21日「新元号硬貨7月発行」
- 時事通信ウェブサイト「各界の意見幅広く＝女性増、財界・法曹界も―元号懇談会」
- 時事通信ウェブサイト「10連休、『改元特需』＝海外旅行の予約殺到―今年のゴー

ルデンウイーク」
- 時事通信ウェブサイト「『10連休』法が成立＝新天皇即位日を『祝日』に」
- 時事通信ウェブサイト「新元号、虚偽情報で混乱？＝発表日はエープリルフール」
- 時事通信ウェブサイト「新元号硬貨、夏にも＝西暦変更『全く検討せず』」
- 時事通信ウェブサイト「新元号発表、昼前にも＝原案五つ以上に―政府、段取りを29日公表」
- 時事通信ウェブサイト「『平成の、その先』7回連呼＝安倍首相、新時代到来を強調―施政方針演説」
- 中日新聞朝刊平成31年1月5日「新元号『4月1日公表』発表」
- テレビ朝日ウェブサイト「新元号『令和』外務省が195カ国に『Reiwa』と通達」
- 日本経済新聞朝刊平成29年1月11日「皇位継承19年元日に」
- 日本経済新聞朝刊平成31年3月30日「元号 周知にも新しさ」
- BBCウェブサイト「天皇陛下、生前退位希望を示唆」
- BBCウェブサイト「New Zealand votes to keep flag in referendum」
- 弁護士ドットコムNEWS「『元号制定は違憲だ』弁護士やジャーナリストらが提訴『時間意識が喪失する』」
- 毎日新聞朝刊平成30年7月7日「死刑執行平成のうちに」
- 毎日新聞朝刊平成31年3月30日「元号発表 前例を微修正」
- 読売新聞朝刊平成29年1月11日「19年元日 新天皇即位」
- 読売新聞朝刊平成30年7月27日「限られた執行時期」
- 読売新聞朝刊平成30年11月28日「『元号使いたい』50%」
- 読売新聞朝刊平成30年11月28日「『元号派』『西暦派』に年代差」
- 読売新聞朝刊平成30年11月28日「質問と回答」
- 読売新聞朝刊平成31年2月26日「基礎からわかる元号」
- 読売新聞朝刊平成31年3月5日「元号懇に山中伸弥氏」
- 読売新聞朝刊平成31年4月2日「5月1日 平成から改元」

【著者紹介】

# 飯田泰士（いいだ・たいし）

東京大学大学院法学政治学研究科修了。
東京大学大学院医学系研究科生命・医療倫理人材養成ユニット修了。
著書に、下記がある。
『民法 成年年齢の20歳から18歳への引下げ』（五月書房新社、2019年）
『詳説 天皇の退位』（昭和堂、2018年）
『18歳選挙権で政治はどう変わるか』（昭和堂、2016年）
『地方選挙ハンドブック』（えにし書房、2015年）
『原発国民投票をしよう！』（えにし書房、2015年）
『集団的自衛権』（彩流社、2014年）
『改憲論議の矛盾』（花伝社、2014年）
『憲法96条改正を考える』（弁護士会館ブックセンター出版部LABO、2013年）
『ネット選挙のすべて』（明石書店、2013年）
『成年被後見人の選挙権・被選挙権の制限と権利擁護』（明石書店、2012年）

---

元号「令和」──改元と皇位継承──

本体価格………１６００円
発行日…………２０１９年　７月２８日　初版第１刷発行

著者……………飯田　泰士
発行者…………柴田理加子
発行所…………株式会社 五月書房新社
　　　　　　　　東京都港区西新橋２−８−１７
　　　　　　　　郵便番号　１０５−０００３
　　　　　　　　電　話　03(6268)8161
　　　　　　　　FAX　03(6205)4107
　　　　　　　　URL　www.gssinc.jp

装幀……………今東　淳雄
印刷／製本……株式会社 丸井工文社

〈無断転載・複写を禁ず〉
© Taishi IIDA, 2019, Printed in Japan
ISBN: 978-4-909542-18-2 C3021

# 民法 成年年齢の20歳から18歳への引下げ

飯田泰士(たいし) 著

2018年6月13日成立「民法の一部を改正する法律」対応

民法の成年年齢の引下げに伴い様々な法律が改正されることに！

- 民法（婚姻適齢／養親となることができる年齢）
- 未成年者喫煙禁止法
- 未成年者飲酒禁止法
- 自転車競技法
- 競馬法
- 小型自動車競走法
- モーターボート競走法
- アルコール健康障害対策基本法
- 水先法
- 国籍法
- 社会福祉法
- 性同一性障害特例法
- 酒税法
- 出会い系サイト規制法
- 旅券法
- 公職選挙法等の一部を改正する法律……

未成年者の喫煙・飲酒・ギャンブルからブラックアルバイト・成人式まで……
日本の何がどう変わるのか？
教育関係者は必読。必携の書！

定価：2400円＋税
A5判並製　208頁
ISBN:978-4-909542-16-8 C3032

五月書房新社

## 日本人はリスクとどう付き合うべきか？

あなたは、科学が進歩すれば「リスクはゼロにできる」と思っていませんか？

**佐藤雄也**著　元中央大学教授

原発事故、食の安全問題、大型台風や地震などの自然災害、人工知能の誤作動、ネットワークの制御不能……現代社会を脅かす数々の危機にどう向き合うべきか。リスク管理の第一人者がリスク・コミュニケーションの正しい捉え方を通じてその解決のための明快な指針を示す。

ISBN: 978-4-909542-15-1 C0036　四六判並製／288頁／1800円＋税

---

### 新装完全版
## 大国政治の悲劇

**ジョン・J・ミアシャイマー**著　**奥山真司**訳

米中露の静かなる激突のシナリオを読み解くための「国際政治の教科書」が新装完全版で復活。旧版にはなかった「日本語版によせて」「中国は平和的に台頭できるか？」および膨大な註をすべて訳出。

ISBN: 978-4-909542-17-5 C0031　A5判並製／672頁／5000円＋税

---

五月書房新社　〒105-0003　東京都港区西新橋2-8-17
TEL:03-6268-8161　E-mail: info@gssinc.jp